ありがとうを言えなくて

野村克也

講談社

ありがとうを言えなくて

1

涙は出なかった。

私の妻、野村沙知代が逝《い》ったのは、二〇一七年一二月八日の午後だった。八五年と二五八日の生涯だった。

私の体はプロ野球の世界にどっぷりつかって生きてきたせいで「ナイター」仕様になっている。起きるのはいつも昼の一二時を回ってからだ。そんな生活リズムゆえ、午前中の仕事はすべて断っている。

私も妻も趣味はテレビ鑑賞だけだった。私たちは夫婦でゴルフをしたり、温泉に行ったりすることもなかった。

振り返れば、私たちには、思い出のデートスポットや、思い出の映画というものがない。プライベートで二人でどこかへ出かけるということがまずなかった。

家が好きというよりは、夫婦揃って出不精なのだ。外の世界から刺激を受けずに生活したい。

テレビを観る部屋は別々だった。私は応接間、妻は食堂（ダイニング）が定位置だった。同じ番組を観ていることもしょっちゅうあったが、一緒に観ることはなかった。いわゆる「家庭内別居」である。

妻が喫煙していたことも、いつの間にか居住空間が別々になった理由かもしれない。沙知代は外でタバコをふかすことはなかったが、家へ帰って来ると食堂のテーブルで吸っていた。

私もかつては喫煙者だったが、五〇歳になったときにきっぱり断った。

極力互いに干渉し合わないこと。それが夫婦生活を送る中で自然と身についたルールだった。

私たちはプレゼントのやり取りなども一切しなかった。誕生日も、結婚記念日も、クリスマスも、日常と何ら変わりなく過ごした。入籍した日も正確には記憶していないくらいだ。

まだ若い頃、一度だけ、誕生日にブローチをプレゼントしたことがある。ある店で、沙知代が「これいいわね」と言っていたので、覚えておいて、次の誕生日にプレゼントしてやろうと企てたのだ。

ところが、喜んでくれると思いきや、「なに、これ」の冷たいひと言だけ。それどころか沙知代は翌日、そのブローチをお店に返品してしまった。

店員さんの手前、少し褒めただけで、実際には、なんとも思っていなかったようだ。

そのとき、沙知代に金輪際、プレゼントをするのはよそうと思った。

そんな妻に失望したかといえば、そうでもない。

贈り物を断るときなどに、よく「お気持ちだけ頂戴しますので」と言うことがある。だが、沙知代は物の中に「お気持ち」は見ない。純粋にモノとして見る。

目の機能としては、とてもシンプルだし、精度が高いとも言える。

モノにとっても、沙知代のような人物に目利きをされた方が幸せではないか。気持ちが入っているからと言って、モノの良し悪しは変わらないのだから。

恐ろしいほど正直な女だな。

どこかで、そうおもしろがってもいた。

ブローチの一件を話すと、よく「どんな女性でも、花をあげれば喜ぶものですよ」とアドバイスされる。そのたび、私はこう言葉を返したくなったものだ。

どんな女性の「どんな」の中に含まれない女性も、この世には存在するのですよ、と。その代表格が沙知代だ。


その日も午後一時頃に目が覚め、お手伝いさんがつくってくれた朝食兼昼食を食べたあと、応接間でテレビを観ていた。

すると、お手伝いさんが「奥様の様子がおかしいんです」と私を呼びに来た。食堂へ行くと、妻がテーブルの上に突っ伏していた。昼食にほとんど手を付けていなかったので、少し変だなとは思っていたのだ。

背中をさすりながら声をかけた。

「大丈夫か」

すると、沙知代はいつもの強気な口調で言った。

「大丈夫よ」

それが最後の言葉になった。

あまりに様子がおかしいのですぐに救急車を呼んだのだが、到着したときにはすでに息をしていなかった。

救急隊員の人が、それとなく手遅れだという意味のことを言っていた。だが、こちらの気が収まらないので、とにかく病院まで運んで欲しいと頼んだ。

車中、救急隊員の人たちも一生懸命、心臓マッサージを施してくれたが、うんともすんとも言わない。

沙知代は、死んでいると思った。頭ではそう理解しているのだが、その事実が心まで落ちてこない。

そんな中、辛うじて、もう戻らないのだということだけは理解した。

死亡時刻は、一六時九分だった。

「大丈夫よ」と言ってから、息を引き取るまで、ほんの五分程度のことである。いや、もう少し長かっただろうか。だが、感覚としては、まさにあっという間だった。

人間の命とは、なんとあっけないものなのだろう。あんな簡単に逝かれると、人生とは何なのかと思わざるを得ない。

急死って、本当にあるのだ。

虚血性心不全という、突然、心臓に十分な血液が回らなくなる病気だそうだ。苦しまず、痛みもなく、まさに眠るように逝ってしまった。妻の最期に不謹慎だが、死に方としては最高だったのではないかとすら思った。

日本人の平均寿命は男性が八一歳、女性が八七歳だそうだ。私は沙知代より三つ年下だが、女性の方が六年も寿命が長い。ましてや、私の妻はいろいろな意味で強い。だから、ほぼ百パーセント、私は自分が先に死ぬと思っていた。

私は一年くらい前から、口癖のように「俺より先に逝くなよ」と妻に言っていた。返ってくる言葉はいつも同じだった。

「そんなのわかんないわよ」

いや、わかるだろう、おまえが俺より先に死ぬわけがない。心の中で、そう突っ込んでいたものだ。

心配性の私は、そう確信しながらも、万が一のことを思って妻にそう釘を刺していたのだ。

ところが、その「万が一」が起きた。

万が一に備えてと言いながら、その万が一を常日頃から想定している人間など、そういるものではない。私もそうだった。

あまりに突然の出来事に、心ががらんどうになった。その状態は今も変わらない。

私は監督時代、いつも最悪の事態を想定して采配を振るった。大エースであっても、私は信頼していなかった。先発して、初回、先頭打者のピッチャーライナーを頭部に受け、いきなり退場になるケースもあり得ると考えていた。

そうした心の準備は、リーダーの最低限の責務だと心得ていた。ところが、家庭においては、それを完全に怠っていた。

私の人生において、唯一、絶対的なもの。

それはいつも沙知代がいる、ということだった。

2

あの沙知代がまさか死んでしまうとは。

あらゆるものに抗って生きてきた女が、最後の最後、もっとも抵抗すべき死をこんなにもあっさりと受け入れてしまうとは。

これまで沙知代が死ぬことなど想像したこともなかった。病気もほとんどしたことがないし、持病もなかった。晩年、少し耳が遠くなってきていたようだったが、八五歳だからな。

死ぬ直前まで、あんなにぴんぴんしていたというのに。

前日の夜は、通い慣れた東京都内の老舗ホテルで食事をした。

ヤクルト時代、日本シリーズ進出が決まると、開幕数日前からチームでそのホテルに滞在した。膨大なデータを収集および分析し、毎晩、ミーティングを行った。そして、そこから決戦の舞台へ向かうのだ。私にとっては「城」のような存在のホテルでもある。

私と沙知代がホテルに到着すると、いつものように、まずはラウンジの四人席のソファの方に横並びに座った。そこで私はアイスカフェオレを、妻はホットコーヒーを頼む。これもいつものことだ。

そうしながら、さて、今日は何を食べようかとしばらく思案するのだ。老舗ホテルであれば、たいていのものはある。何を食べるか決めかねているときは、じゃあ、とりあえずホテルに行くか、となるのだ。

私たちは食事をするときも向かい合って座ることはなかった。奥の席に二人並んで座り、同じ方向を向いて食べる。

確か、あの晩は、シンガポールの肉料理「バクテー」を食べたんじゃないかな。あいつは、肉ばっかり食べていたから。

俺は何を食べたんだったかな。

……もう、忘れた。


ものの本を読むと「ともに六〇歳を過ぎてからが本当の夫婦だ」みたいなことが書かれているが、我が家はその頃にはほぼ会話はなくなっていた。

何十年も一緒に暮らしてきて、七〇歳、八〇歳になっても会話が絶えない夫婦などいるのだろうか。

私は若い頃からむっつり助平の方だから、そもそもしゃべらない。夫婦のいいところは、しゃべらなくてもいいところだとさえ思っていた。

さすがに、しゃべらなくてもわかり合えるなどとは思っていなかった。互いにわかり合うことを求めていなかっただけだ。

もし「本当の夫婦」とは何かと聞かれたら、私の答えは所詮、他人なのだと認め合うことだと言いたい。身内だと思うとあつかいがぞんざいになる。わかり合えない者同士だと思うから、相手を思いやろうとする心が生まれるのだ。

そう言いながらも、沙知代を失ってからというもの、話し相手がいないことがいちばん辛い。

いったい何の話をしていたというのだろう……。

真っ先に思い浮かぶのは、夕食のときだ。

沙知代が台所に立つことは、ほとんどなかった。付き合い始めた頃は、ときどき食事を作ってくれたこともある。ローストビーフは最高だった。料理人のような腕前だった。

だが、克則が生まれた頃からだろうか、あまり作ってくれなくなった。どこの家庭も大なり小なりそういうものだと思うが、女は子どもが生まれると男に対するケアが雑になる。優先順位が「子ども」「旦那」になるからだ。

その順位は子どもがいる限り、入れ替わることはない。男ができることは、その差が広がり過ぎないよう、しっかり金を稼いでくることくらいだ。

沙知代の場合、克則を授かったことで、もう私に捨てられることはないと安心したのだろうな。

その頃、まだ、私には西宮に別居中の前妻がいた。少なからず、沙知代は、いつか私が西宮に帰ってしまうのではないかと心配していたはずだ。だが、その気がかりがなくなった。

我が家は朝が遅いので、基本的に一日二食だ。朝食兼昼食はお手伝いさんに作ってもらうが、夜は外食が常だった。

私にはホテル以外に、行きつけの店が都内に六、七軒くらいあった。中華、和食、肉、寿司、フレンチ、イタリアンなどだ。

ありとあらゆる人においしい店を聞いては、実際に、食べに行った。そのうち私より詳しい人がいなくなった。いずれも、そうして最後に残った店である。

それらの店をローテーションにし、回していた。

妻の生前、私は夕方になると必ず「今晩、何食べる?」と尋ねた。

答えは判で押したように同じ。

「何でもいいわよ」

そう言われるとわかっていても、いちおう聞いた。

会話といっても、思い出すのは、そんなものばかりだ。たわいもないというか、やりとりする必要すらない。逆に言えば、それらのチャンスを逃すと、本当に何もしゃべることがなくなってしまう。

ありとあらゆる主導権は沙知代が握っていたが、晩御飯の決定権だけは私にあった。付き合い始めた頃から亡くなるまで、妻の方から、ここへ行きたい、あそこへ行こうなどと言ったことは一度もなかった。

夫婦生活において、妻が夫の胃袋をいかにつかむかが肝要だとよく言われる。沙知代も自分で作りこそしないものの、選択権を与えることで、私の胃袋をつかんでいたのかもしれない。

私は私で、沙知代に意見を求めながらも、沙知代はこんなものが食べたいのではないかと気を回すことはまったくしなかった。脳から指令が来るのを待ち、体が欲するものを選んだ。

沙知代は生魚が苦手だったが、私は寿司も大好きなので、食べたいと思ったら遠慮せずに寿司屋を選択した。

私が握りを食べている間、沙知代は特別にうどんを作ってもらい、一人で食べていたものだ。

私は何でも好きだが、沙知代は肉を特に好んだ。代官山に小川軒という有名な西洋レストランがあるのだが、そこのヒレステーキがいちばん好きだったようだ。私もそこのステーキは大好きである。最後の夜になるとわかっていたら、あの店に連れて行ってやりたかったな。

二人とも酒は一滴も飲まない。私の場合は完全に遺伝だ。親戚もほとんどが下戸だ。そのことに私は感謝している。

酒は百薬の長などというが、あれは真っ赤な嘘だ。酒は飲めば飲むほど中毒になり、量が増える。いいことなど一つもない。

二〇〇〇年代に入って同級生が次々と亡くなった。杉浦忠（元南海）、皆川睦雄（元南海）、仰木彬（元西鉄）、梶本隆夫（元阪急）。みんなともに戦った仲間だ。二つ下の江藤慎一（元中日）、稲尾和久（元西鉄）も後を追うように逝った。六人とも七〇歳に到達する前か、七〇歳に到達したと思いきや、すぐに亡くなった。彼らの共通点は酒好きであるということだ。

私と沙知代はいつも黙々と食べ物を口に運んだ。だったら、居ても居なくても変わらないように思えるのだが、沙知代のいない晩飯の席は今も喪失感が漂っている。

横を見ると、いなくなったことを実感する。

妻が他界し、変わったことが二つある。

一つは鍵を持ち歩くようになったこと。

もう一つは、普段は応接間でテレビを観ていたのだが、沙知代がいつも座っていた椅子でテレビを観るようになったことだ。ニコチンの臭いが染み付いた食堂の椅子である。

沙知代を失って、家にも「体温」があるということを初めて知った。

一つは、私の帰宅時に妻がいないことはほとんどなく、エアコンが効いてない家に帰ることがなかったという意味においてだ。冬は本当に寒い。

そして、もう一つは精神的な意味においてだ。人のいない家は、暖房をつけても、冷え切っている。

もともと一人暮らしであったなら、そんなに寒くは感じなかったはずだ。

人というのは、いるだけで暖かいのだ。

私は愛だの恋だのを語れるほど女を知らない。だが、五〇年近く連れ添った女が突然消えてしまうこととはどういうことなのか。それはよくわかった。

猫はいつも家の中でいちばん暖かいところに寝ている。

今の私もそうだ。この家の中でいちばん暖かそうな場所。それが沙知代の座っていた椅子なのだ。

大きな家なのに食堂ばかりにいる。

もったいないよな。

沙知代は写真を飾るのが好きだった。食堂には写真立てが十個くらい並んでいる。前の旦那がアメリカ人だったせいだろう、感覚がアメリカナイズされている。

家族と一緒に写っているもの、孫と一緒に写っているもの等々――。昔のものは、もうだいぶ色あせてしまった。

目の届くところは、サッチーだらけだ。

それなのに、沙知代だけがいない。

3

失ったとき、初めてその存在の大切さがわかる――。

そんな話を何十回も、何百回も読んだり聞いたりしてきた。

だが、その事態に直面し、初めてその意味を理解した。人間は本質的に体験でしか学べない生き物なのではないか。

ぽっくり逝くのは、ある意味、幸福かもしれない。しかし、残された方は、その死をなかなか受け入れることができない。

私の中でも、沙知代との時間は「二〇一七年一二月八日、一六時九分」で止まったままだ。時間が流れれば思い出に変わっていくのだろうが、静止したままなので、ある日、帰ったら食堂にいるような気がしてならない。タバコをぷかりとやりながら、ワイドショーを観ていた沙知代の残像が今もなかなか消えない。

いないのに、潜在意識の中では、いると思っている。だから、心の穴がいつまでたっても塞がらないのだ。

たとえば、がんで亡くなったのなら、こうはならなかっただろう。余命いくばくもないと宣告されてからの日々を、これまで言いたくても言えなかったことなどを語り合いつつ、二人で演出することもできたかもしれない。

そうなったなら、さすがの私も、晩飯の選択権は、沙知代に譲ったに違いない。それでも「何でもいいわよ」と言ったなら、毎日、小川軒に連れて行ったことだろう。

次第に心の準備ができ、涙を流すこともあったかもしれない。そして、その涙の記憶が、死後、心の穴を少しずつ埋めていってくれたに違いない。

そこへいくと、今回のケースは、たった五分の出来事である。

二時間楽しむつもりだったミステリーの主人公が、番組開始からわずか五分で亡くなり、完結してしまったようなものである。

やり場のない思いが、あたりを浮遊している。

未だに悪い冗談のようにしか思えないのだ。

妻の急死を私もどこかで消化しなければと思っているのだろう、ふと、こんなことを考えた。

あの五分で、神様が二枚のカードを提示したのではないか。一枚目は、苦しみをともなうが、でも、あと一、二年生きられるカード。もう一枚は、苦しまずに、でも、今すぐ死ななければならないカード。

私なら、迷う。一、二年の猶予をもらって、今まで世話になった人にお礼のひとつでも言って回れたらなと思うかもしれない。

だが、沙知代は迷わないだろう。あの女のことだから、だんだん弱っていく姿など、それこそ死んでも人に見られたくなかったはずだ。

沙知代は迷わず二枚目のカードを選択したに違いない。

その想像には、もう一つの理由がある。生前、妻は私に「大病で入院なんかしないでよ。せっかく貯めたお金がなくなっちゃうから」と言っていた。

妻は、老い先短い自分の生涯においても、せっかくの金を費やしたくなかったのではないか。

命よりも、金。

ふふふ。それもまた、沙知代らしいではないか。

そんなことを考えていると、あの突然死は妻の意志だったのではないかと思えてくるのだ。

亡くなった日の朝、じつは、こんなことがあった。

明け方、沙知代が「手を握って」と言った。田園調布にある今の家に引っ越してきたとき、彼女がどこかで買ってきたゆうに三人は寝られるようなベッドの中でのことである。アメリカ映画に出てくるような、妻お気に入りのキングサイズベッドだ。

沙知代と付き合い始めてから五〇年近く経つが、そんなしおらしいセリフを言ったのは初めてのことだった。

私たちは手をつないで歩いたことさえない。

昔、ある食器用洗剤のＣＭで、おじいちゃんとおばあちゃんが仲よく手をつないで散歩をしているシーンがあった。当時、銀座のクラブで会う若い女の子は、あれこそが理想の夫婦像だと話していたものだ。

そこへいくと、私たち夫婦はその「理想」からもっとも遠いところにいた。恥ずかしくなかったと言えば嘘になる。だが、女に恥をかかせるわけにはいかないので、言われた通り手を握ってやった。

驚いた。こんなに小さな手をしていたのか。そして、もうくしゅくしゅだった。

沙知代が手に入れようとしていたものと、この手は、あまりにも不釣り合いに感じられた。

今にして思えば、あのとき沙知代は何かを予感していたのかもしれないし、単なる偶然だったのかもしれない。

男は本当に弱いな。

女に寄りかかって生きている。

自由にさせてくれなどと偉そうなことを言っておきながら、自由になった途端、おろおろしてしまう。

去年だったか、役者の津川雅彦さんが妻の朝丘雪路さんを亡くし、その三ヵ月後ぐらいに亡くなった。そうだよな、と思った。

忘れたいけど、忘れるのも怖い。だったら、記憶があるうちに自分も逝きたい。私もそう思ったことがある。

だが、私にはできなかった。

私が死んだところで、大海に小石を投げ込むようなものだ。世界は何も変わらない。そう考えたら、その考え自体が馬鹿馬鹿しくなってしまったのだ。

冷酷な人間だと思われるかもしれないが、沙知代が亡くなって一年以上経過した今も涙を流したことがない。

おふくろが死んだときは、あんなに涙が出たんだがな。

違いは何なのだろう。

私は心が壊れてしまったのだろうか。

長年連れ添った妻が亡くなったというのに、悲しい、さみしい、辛いといった人並みな感情は、いっこうに湧いてこない。

あるのは、今も、喪ったという事実だけ。そして、それは何をしても埋まらない種類のものであることもわかってきた。


大丈夫よ、か。

沙知代は今際《いまわ》の際《きわ》まで、強気な女だった。

4

沙知代は過去を捨てて生きた女だった。

だが、私にはそんな生き方はできない。

私は父を知らない。母子家庭だから、母を捨てて生きることなどできるはずがない。この本では妻のことを書くつもりだが、少し、母の思い出話をしたい。

私が心の底から泣いたのは、たった一度、母親が六四歳で生涯を閉じたときだけである。

母の人生は幸せだったのだろうか——。

そう思うと、泣けてきて仕方がなかった。

思い出すのは、苦労している姿ばかりである。

母は私が三歳のとき、夫を戦争で亡くした。いわゆる戦争未亡人だ。

うちの実家は京都府・丹後半島の網野町《あみの》にあった。日本海に面した寒村である。そこで小さな食品店を営んでいた。母は一人で店を切り盛りし、兄と私を育ててくれた。

私の母はたくましかった。

あの時代、男を戦争に取られた女性は、自分が父親の代わりも務めなければならないという思いもあって、強くならざるを得なかったのだろう。

小さいときから、とにかくよく叱られた。遠出をして少しでも帰りが遅くなると、大目玉を食らったものだ。

私が小さいとき、母は二度、がんを患った。

私が小学校二年生のときは子宮がん、三年生のときは直腸がんだ。二年続けて大手術をした。その姿があまりにも痛々しく、幼心に代わってやれるものなら代わってやりたいと願った。

母が闘病生活を送っていたとき、私と兄は、父親の知り合いの家に預けられた。近所の人たちは「あの子らのお母さん、もう死んじゃうのよ」とよく噂していた。

そうなったらどうなるのだろうと、私は暗い気持ちになった。

おそらく、父親の郷里に預けられることになるのだろうと考えていた。祖父も祖母も健在だった。だが、そこは地図にも載っていないような、網野町よりもさらに小さな村だった。川沿いに百メートル間隔ぐらいで、ぽつんぽつんと藁《わら》ぶき屋根の家が七軒あった。それがすべてだった。

あんなところに住むのかと思うと、自分の人生が小さな箱に閉じ込められてしまうようで、悲しかった。

幸いにも私の母は二度のがんから生還した。戦前の医学で、よく助かったものである。

しかし、医療費で借金がかさんだのだろう、以降、暮らし向きはさらに悪くなった。

中学生になったとき、私は、真剣に自分の将来を考え始めた。大金を稼いで、少しでも母に楽をさせてやりたかった。

とはいえ、当時の田舎の中学生の発想などたかが知れている。とにかく有名になりさえすれば金が稼げるのだと思っていた。

私は最初、歌手になろうと思った。私が中学二年生のとき、二歳下の美空ひばりが一二歳で歌手デビューした。

これだ、と思った。それで音楽部に入った。だが、私の声を聞いたことがある者なら容易に想像がつくだろうが、音域が極端に狭かった。

同級生に「いっぺん声をつぶせば、音域が広くなる」と言われ、海に向かって声が出なくなるまで叫び続けた。

声がかれただけだった。

だまされた自分が情けなく、また、早くも才能の限界を感じ、歌手の夢はあきらめた。


次に目指したのは映画俳優である。一九四三年に黒澤明が『姿三四郎』で監督デビューするなど、国内で若き才能が芽吹き始めている時期だった。

私は松竹の二枚目スター、佐田啓二に憧れ、演劇部に鞍替えした。だが鏡に映る自分の顔を眺めれば眺めるほど、絶望的な気分になった。

男前でなくても性格俳優と呼ばれる志村喬のような名役者もいた。そういう路線なら、むしろイイ線までいったのではないかと思うのだが、当時は、役者は男ぶりがよくなければならないという固定観念があった。

私が歌手志望であり役者志望であったと話すと、今ではみんな笑って受け流すが、私は大真面目だった。

もちろん、プロ野球選手という選択肢も、頭の中にはあった。赤バットの川上哲治さんや、青バットの大下弘さんが輝いていた時代だ。当時、私は大の巨人ファンだった。

だが、野球は道具をそろえるのに金がかかる。そのときの生活を考えると、とてもではないが、母親にグラブを買ってくれなどとは言えなかった。その点、歌手と役者は元手がかからない。

しかし、残された選択肢は野球しかなかった。

中学二年生のときに野球部に入部したものの、当時の集合写真を見ると、私だけ短パンをはいている。やはり、ユニフォームを買ってくれとは言えなかった。試合のたびに、後輩からユニフォームとグラブを借りた。

ただ、野球は、最初から周囲を驚かせた。野球は遊びでかじった程度だったが、簡単に大きな当たりを打てるのだ。

周りの部員は「おまえ、うまいな」と感心していたが、むしろ、なぜ他のやつらはこんな簡単なことができないのか不思議でならなかったくらいだ。

私はすぐに「四番・捕手」として試合に出られるようになった。

高校時代、私は母に内緒で野球を続けた。母親は、私が野球をすることには大反対だった。単なる遊びにしか見えなかったのだろう。それよりも、早く手に職をつけ、堅実な社会人になって欲しかったのだと思う。

嘘はいつかばれる。三年生になったとき、母親に野球部に入部していることが露見し、辞めさせられそうになった。だが、私の実力を高く評価してくれていた野球部の部長が母をなだめてくれ、野球を続けることができた。

南海ホークスのテストに合格し、高校を出てプロ入りするときも、母親は大反対した。

「田舎者のあんたが、あんな華やかな世界で成功するわけないやろ」

親としては、当然の反応である。

そのときも野球部部長が家まで来て、おふくろを説得してくれた。

「お母さん、せっかくのチャンスだからやらせてみましょう。三年やって芽が出なかったら、そのあとは私が責任を持って就職の世話をしますから」

そこで、ようやく母は「そこまで言っていただけるならお任せします」と折れたのだ。

手前味噌で恐縮だが、日本のプロ野球界で、私ほど成り上がった選手はいないのではないか。

高校時代はまったくの無名だった。高校時代、私のもとにやってきたスカウトなど、一人もいない。練習試合の相手がたいしたことなかったとはいえ、相当な数のホームランを打っていた。だが、丹後地方の高校なんかにプロになれるような選手はいないと決めつけていたのだろう。

私は監督時代、スカウトの目など当てにならないと思っていたが、それは実体験に基づいているのだ。

マイナスと言ってもいい地点から出発しながらも、私は、プロでは一流と呼ばれる成績を残し、さらには監督として優勝も経験した。

大逆転人生である。

それもこれも母親孝行したいがためだった。

母に一度だけ、頼み事をされたことがある。南海時代の話だ。ある日、大阪球場にやってきて「家を買って欲しい」と言うのだ。私は頼られて嬉しかった。借金をしてでも大きな家を建ててやりたいと思った。

ところが母は、今住んでいるところの近くにちょうどいい一軒家があるので、それでいいと言う。ずいぶんと小さな家だった。正直、がっかりした。母にはもっと贅沢をして欲しかったのだ。

兄にその話をすると、反対された。というのもその頃、兄は京都市内に住んでいて、一緒に住もうと母を説得していた。それなのに丹後に家を買ってしまったら、いつまでたっても同居ができないと言うのだ。長男として、最後は母の面倒を見なければならないと思っていたようだ。

だが、母は丹後を離れたがらなかった。

「おまえらの気持ちはものすごく嬉しいけど、年取った親の好きなようにさせるのも、親孝行だよ」

母のそのひと言で、私の気持ちは固まった。

私はプロ入団後、母親にずっと仕送りをしていた。ところが、私が金に困ったときのためにと、一銭も使わずに貯金してあった。

母のためにとプロ野球選手になり、私は、地位も、名誉も、金も、手に入れた。だが、母にしてやれたのは、田舎に小さな家を買ってやったことだけだった。

もっと、何かしてあげられることがあったのではないか。

今も時折、そんな思いに苛まれる。

沙知代の棺桶を閉じるとき、あらためて顔をじっと見た。いまさらながら、彼女に惹かれた理由がわかった気がした。

おふくろによく似ている。

気の強いところだけではなかった。鼻ぺちゃなところも、そっくりだった。

5

私が沙知代に出会ったのは一九七〇年八月のことだ。巨人のV9時代が始まったのが一九六五年だから、その六年目のことである。

時代は高度経済成長の真っ只中――。

大阪府吹田市の千里丘陵には得体の知れない巨大な塔が出現し、大阪人の度肝を抜いた。大阪万博のシンボル「太陽の塔」である。

今はもう取り壊されてしまった後楽園球場で東映フライヤーズ（現・北海道日本ハムファイターズ）との三連戦が組まれていたときだった。

当時、東京遠征へ行くと、チームは原宿の神宮橋旅館という宿に逗留した。今でいうと、表参道のキディランドの裏あたりにあったが、もうなくなってしまった。

そこから歩いて一分くらいのところに「皇家飯店」というわりと高級な中華料理屋があった。そこのフカヒレラーメンが美味しくて、遠征へ行くたびに食べていた。

その日も昼の二時頃だったか、球場へ向かう前に、マネージャーと二人でラーメンをすすっていた。

すると、大きな声で「ママぁ！　お腹空いたぁ！」とかなんとか言って、真っ黒に日焼けした沙知代が入ってきたのだ。後から聞いたら、ちょうどハワイ帰りだったようだ。

いい女だとは思わなかった。

化粧も衣装もごく普通。ブスではないけど美人でもない。ただ、身長は当時としては大きい方だったし、脚がきれいだった。

膝から下が細く、ふくらはぎの膨らみがまったくない。私は女性が現れたら、まず脚を見る。そこから上へ視線を移動させていく。脚、胸、顔の順だ。私が短足だから、脚が細くて長い女性に憧れるのだ。

そのとき私は三五歳、三歳上の沙知代は三八歳だった。

店のママが「いい人を紹介してあげる」と言って、沙知代に私をこう紹介した。

「この人、すごい人なのよ。監督さんなの」

ところが、沙知代はまったくピンときていないようだった。

元来、僻《ひが》みっぽい性格の私は、その態度がおもしろくなかった。この私を知らないのか、と。

私のプロ野球人としての経歴に簡単に触れておくと、キャリアのスタートは一九五四年になる。入団三年目に捕手としてレギュラーに定着した。一二年目の一九六五年に戦後初の三冠王（打率・三二〇、四二本塁打、打点一一〇）を獲得し、このときすでに選手として名実ともに地位を確立していたが、人気の面では、巨人の長嶋茂雄や王貞治には及ぶべくもなく、どこかで鬱積の塊のようなものを抱えていた。

プロ十七年目となった一九七〇年、私は南海で監督兼選手、いわゆるプレイングマネージャーとなった。前年は最下位に沈んだ南海だったが、その年は開幕から好調で、首位争いを演じていた。

プロ野球の監督だと素直に明かすのも癪だったので、私は「雨が降ったらできない仕事ですよ」とお茶を濁した。

そのとき沙知代は、がたいがいい私のことを工事現場の監督か何かだと思ったらしい。ただ、稼ぎはよさそうだと踏んだという。というのも私はそのとき、フランスの高級ブランド、ジバンシィのシャツを着ていたからだ。私は脚の細い女、妻は金を持っている男に弱い。

私は劣等感の塊だ。それゆえ、とにかく人から羨ましがられたい。

私が若かった頃は「メイド・イン・フランス」の服など滅多にお目にかかれなかった。外国製品は、舶来品と呼んで珍しがられた。

ちょっと珍しい洋服を着ていると、

「ノムさん、それ舶来品？」

てなもんだ。

とにかく人が持っていないものを身に着けたかった。

だから、国産品というだけで毛嫌いし、外国産だとそれだけでいいと思った。

一時期、外国製の高級時計にはまっていたことがある。メーカーはこだわらない。見た目、豪華なものが好きだった。文字盤が大きく、分厚く、宝石がちりばめられているようなデザインのものだ。日本にはこれ一本しか入荷されていませんと言われたら、即購入した。

私に物を買わせようと思ったら簡単である。「世界で一つ」あるいは「日本で一つ」と言えばいい。

私の腕時計を見れば、関西出身で、田舎者で、劣等感の塊だということがすぐにばれる。江戸っ子がいう「粋」の文化とは正反対なのだ。

だが、皇家飯店で、最初に驚きの声を上げたのは私の方だった。

沙知代にもらった名刺を見ると、「伊東沙知代」という名前の横に代表取締役社長と印刷されていたからだ。女社長など、そう簡単にお目にかかれない時代のことである。

皇家飯店に来る前、沙知代は、表参道にあったセントラルアパートという高級アパートに立ち寄って来たと話していた。

セントラルアパートは、もとは米軍関係者用に建てられた住居だ。その頃は、力道山などの有名人も住んでいた。のちに糸井重里らが事務所を構えるようになり、クリエイター憧れのアパートになった。高級レストランなども入っていて、今風に言えば、セレブな場所だった。

そんじょそこらの人たちが住めるようなところではない。それだけでも沙知代の生活水準の高さがうかがえた。私は当時、そこに男がいたのではないかと推測していたが、そうではなかったようだ。

後になって知るのだが、本当は、そのときはまだ「伊東芳枝」だった。沙知代の本名である。その後、正式に沙知代と改名したわけだが、私は、出会ったときからずっと沙知代だと思っていた。

何をやっているのかと聞くと、ボウリング用品の輸入代理店のようなことをしているという。ときはボウリングブームだ。女子プロの中山律子が「さわやか律子さん」のニックネームで一世を風靡し、あちらこちらにボウリング場がオープンしていた。仕事でアメリカなどへ行くことも多かったらしい。

ただ、いつだったか、私は、このブームは絶対に続かないからボウリング事業から手を引いた方がいいとアドバイスしたことがある。ブームと呼ばれるものには、必ず終わりがある。そして、そのブームの勢いがつけばつくほど、その反動も大きくなる。つまり、損失が巨大化する。

ボウリング場の数は、供給過剰に思えた。短期間にあれだけ増えるのは、どう考えても異常だ。沙知代は私の助言に従い、ブームの絶頂期に、関連する権利をすべて譲渡した。

それだけは、後々まで感謝されたものだ。あんた、よくわかったね、と。

「カントク」の響きに、沙知代はどう反応していいかわからず、ぽかんとしていた。すかさずママは私がプロ野球の監督だと明かした。すると、携帯電話のない時代だから、店の電話を借り、どこかに電話をかけ始めた。

電話の相手は、息子だった。

「あんた、野球の野村さんって知ってる?」

その反応を聞いてから、沙知代の私に対する態度が一変した。眼差しの中に尊敬が含まれるようになった。

沙知代には二人の息子がいた。中学一年生のダンと、小学五年生のケニーだ。二人とも野球少年だったから、私のことを知らないどころか、今、一緒に食事をしていると聞き、電話の向こうで驚喜していたようだ。

その瞬間、私は、沙知代に目をつけられたのだと思う。沙知代は私なら二人の息子とうまくいくと考えたのだろう。

母親とは、そういうものだ。自分以上に、子どもの希望を優先する。

食事が終わり、席を立とうとすると、「これを持って行きなさい」と、お守りを手渡された。自分が身に着けていたもののようだ。どこのものかはわからなかったが、口から出まかせだろう、こう言った。

「勝利のお守りだから、これを持っていれば今日、絶対勝つわよ」

会った当時、沙知代は野球の「や」の字も知らなかった。それでも、その日の晩、沙知代はダンとケニーを連れ、さっそく後楽園球場へやってきた。生まれて初めての野球観戦だったに違いない。

お守りのご利益かどうかは定かではないが、南海は試合に勝った。私のホームランというおまけ付きで。

後日、沙知代に会ったときにお守りを返そうとすると「持っていていいわよ」と言われ、しばらくユニフォームのお尻のポケットに入れていた。

こうして私と沙知代の付き合いが始まったのだった。

6

沙知代を初めて抱いたのは、会って何度目かの夜だった。

銀座で食事をし、クラブに寄って、目黒の自宅まで送って行ったら「寄っていかない？」と誘われたのだ。

とても小さなアパートで、子どもは父親に預けていたのだろうか、一緒に住んでいる気配はまったくなかった。

出会った頃、沙知代に聞いた話は、ボウリング関係の仕事をしていること以外は、ほとんど嘘だった。

沙知代は、バツイチで、前の旦那は、ある老舗高級デパートの御曹司だったと語っていた。

上の子のダンはどう見ても外国人の血が入っているように見えたので、どうしたのかと聞くと、もらってきたのだと言い張った。外国の養護施設に行ったとき、あまりにもかわいいから引き取ってきたのだ、と。

下の子のケニーは、老舗デパートの御曹司との間に生まれた子だと言う。ケニーは今でこそあきらかにハーフっぽい顔立ちをしているが、小さい頃は日本人同士の子どもだと言ってもさほど不自然ではなかった。だから、信じた。

なぜ、そのような嘘をついたかというと、最初の夫がアメリカ人だということを、どうしても隠したかったようだ。

今はハーフという呼び方が主流だが、ひと昔前まで、外人の子は「混血児」と呼ばれ、日本社会では異端視されていた。「戦争の落とし子」という印象も強かった。そういう劣等感もあったのだと思う。

沙知代との出会いは、運命といえば、そうだったのかもしれない。あまりにもタイミングがよすぎた。というのも、そのとき私は私で、最初の妻と別居中だったのだ。

そんな状況も手伝って、沙知代の誘いにフラッと乗ってしまった。

今考えれば、あれが運の尽きだった。


私は一九六一年、二六歳のときに一度目の結婚をした。プロ八年目のシーズンを終えたときで、二度目の本塁打王のタイトルを獲得したばかりだった。相手は中小企業の社長令嬢だった。

われわれの時代、プロ野球選手はまだ社会的に認められた存在ではなく、引退後の生活が不安だった。そのせいで、プロ野球選手と社長令嬢という組み合わせが多かった。今でいう「逆玉（の輿）」である。

現在の定番といえば、プロ野球選手と女子アナだが、私の頃は女子アナが野球場に来るなんてことはまずなかった。

私も例に漏れず、知り合いに社長令嬢を紹介され、そのままの流れで一緒になった。

彼女は、フォードのツードアに乗っていた。私はというと、まだ免許すら持っていなかった。信号で止まると、周囲の視線がその車に一気に集まる。アメ車自体がめずらしかったし、その車を女が運転しているのだから注目を浴びないわけがない。

私はどぎまぎしたが、彼女はその視線を楽しんでいるようですらあった。中小企業の社長の娘とはいえ、本当のお嬢様だった。

田舎者の性《さが》なのだろう、その堂々たる立ち居振る舞いにグラリときてしまったというのも正直なところだった。

私の妻になった女性は三人姉妹の長女で、じつは、私は次女の方が好みだった。だが長女が私に対して積極的だったので、姉を思って妹が手を引く格好になってしまった。

だったら断ればいいのだろうが、私は元来、女性に強く迫られると断れない質《たち》だった。私のような男に惚れてくれた女性に冷たく当たるのは申し訳ないと思ってしまうのだ。

いや、もっと言えば、当時の私は、あまりにも女性経験が少なく、断り方を知らなかった。女性とどう話せばいいのかすらわかっていなかった。

今の二六歳男子では考えられないほど、私は女性に対して初心《うぶ》だった。

プロ野球選手になってからというもの、いい選手になりたい一心で、時間さえあればバットを振っていた。かっこつけるわけではないが、正真正銘、野球一筋。いつも手をマメだらけにしていた。女なんて、まったく興味がなかった。強がりでもなんでもない。

昔のプロ野球界には、アスリートなどという呼称はなく、節制して体調を整えるなどという考えは皆無だった。朝まで酒を飲んで、それでも結果を残すのが「一流」とされた時代である。

したがって、先輩らは、よくこんな言い方をした。

「バットを振って一人前になれるのなら、みんなとっくに一人前になっている。この世界は才能だ」

だが、私はその言葉を信用していなかった。

遠征中、先輩らに「きれいな姉ちゃんがおるから、着替えて遊びに行くぞ」と何度も誘われた。そんなときほど、宿舎の庭で一人でスイングに励んだ。うらやましいとは思わなかった。むしろ、遊んでくれた方が助かる。その間に、少しでも差を縮めてやろうと思っていた。

ただ、一度だけ、先輩の誘いに乗ったことがある。まだ一軍に上がったばかりのころだ。

私は二二歳になるまで童貞だった。先輩もそれを知っていて、ある日、「ついてこい」と、大阪の花街、住吉新地に連れていかれた。芸者遊びに付き合わされたのだ。私もそれを承知の上で、ついていった。

高卒でプロ野球選手になると、先輩が後輩のために筆おろしの場をセッティングするのが一つの慣わしのようになっていたのだ。

母親以外の女性の裸を見るのは初めてだった。

情けないくらいに体が震えた。芸者さんは二四、五歳くらいだったろう、「あんた、ほんとに初めてなんや」と手ほどきしてくれた。でも、バットとボールばかりを触ってきたゴツゴツの手は、女性の体を触るときの加減などまったく知らない。私は何度も「痛い、もっと柔らかくや」と叱られた。

恥ずかしいやら、気まずいやら。

あのときの決まり悪さは、ほんま、よう忘れん。

そうして女遊びにはまっていく選手もいたのだろうが、私はまったく逆だった。こんなことのどこが楽しいのかと思った。

それ切り、再び野球だけの生活に戻った。

世間知らずで、女性に対しては優柔不断。それらが結果的に仇となった。

あるとき、変な噂を耳にした。私の遠征中、妻が見知らぬ男と頻繁に会っているというのだ。

すぐに友人に頼んで、調査してもらった。すると、ある男性と不倫関係にあることが判明した。

まさに、知らぬは亭主ばかりなり――。

それにしても、とんだお嬢さんだった。貴金属や洋服は買いたい放題、食事も肉ばかり。甘やかされて育っているから、好き勝手に生活してした。

それでも私は黙っていた。いや、何も言えなかった。

だが、不貞を見逃すわけにはいかない。

出て行けと言っても出ていかないので、だったら俺が出て行くと、そこから別居生活が始まったのだ。

向こうは話し合いの場を望んだが、こちらとしては何も話すことなどない。さっさと離婚届に判子を押せと迫ったのだが、なかなか応じてもらえなかった。

母の意見に耳を傾けるべきだった。婚約者だと紹介したとき、あいさつもまともにできない様子を見て「本当にあの娘さんをもらうのかい」と不安を隠さなかった。母は結婚後も、私たちの家へは一度も遊びに来なかった。

心の中で、どんなに相手を罵ろうとも、そんな相手に私は裏切られたのだ。罵れば罵るほど、自分が惨めになった。

もちろん、こちらにまったく非がないわけでもない。彼女がどんな格好をしていようと無頓着。野球ばかりやって、女性を褒める言葉の一つも知らなかった。妻を寝取られたなど、恥ずかしくて誰にも言えなかった。

だが、沙知代には抵抗なく話せた。年上だという安心感もあったのだろう。

彼女は、情けない私を受け止めてくれた。それだけではない。もう一度、男としてやっていく自信を与えてくれた。

男がいない女より、交際中の男とうまくいっていない女をくどく方がたやすいというが、私は、その逆をやられたのかもしれない。

いいカモを見つけた。

沙知代に、そう思われていたのかもしれない。

7

交際中、沙知代が私に結婚を求めてくるようなことは一切なかった。私の方も、相手は年上だし、沙知代にはすでに子どもも二人いたので、結婚までは考えていなかった。

ところが、状況が変わった。出会ってから四年目、一九七三年七月二三日、息子の克則が生まれたのだ。

ちなみにその年は、私の監督四年目のシーズンであり、南海が七年振りにリーグ優勝した記念すべき年でもあった。ただし、日本シリーズでは巨人に敗れ、その巨人はＶ９を達成した。

名前は沙知代がつけた。私の「克也」から「克」を取るか「也」を取るか悩んだようだが、最終的に「克」を選んだ。

息子の誕生を機に、私は沙知代に一緒に暮らそうと提案し、豊中市にマンションを購入した。

一つ屋根の下に暮らすようになって初めて知ったのだが、沙知代には古風と呼んでいいところもあった。

何時になろうとも、私が帰るまで必ず起きていた。

それは最後まで変わらなかった。だいたいはテレビを観て待っていた。私がそうするよう厳命したわけでも何でもない。

私は遠征中、寝る前に必ず沙知代に電話をかけた。夜遊びするとしたら私の方だから、家を離れているときは、自然とそういう習慣が身についた。浮気はしてないよというメッセージでもあった。

記憶にある限り、「おやすみコール」は一度も忘れたことはない。沙知代は、その電話があるまで、やはり起きていた。

また、何時に帰っても一度も怒られたことはない。銀座で夜遅くまで遊んで、帰宅時間が深夜一時とか二時になると、「なんで帰ってきたの。泊まってくればいいのに」とかなんとか憎まれ口を叩かれた。そう言われると、かえって遊べないものだ。

「泊まってくればいいのに」と口では言っていたが、もちろん、本心ではない。

私の初恋は、小学生のときだ。よくある話だが、相手は担任の先生である。きれいな先生で、昭和を代表する美人女優・山本富士子にそっくりだった。

大人になってからも田舎へ帰ると、必ず、その先生に会いに行った。沙知代はそれにも焼き餅を焼いていた。先生には旦那も子どももいて、何もないのはわかりきっているのに。

携帯電話も五台、へし折られた。

銀座の女は、しょっちゅう営業電話をかけてくる。電話から声がもれて、女だとわかると、次の瞬間、携帯は沙知代の手の中でバキッと音を立てていた。

お言葉に甘えて朝帰りなどしようものなら、どうなることか。殺されるのではないかと本気で思ったこともある。

そうそう、こんなこともあった。沙知代と結婚する前、私にある「縁談」が舞い込んだ。まだ前妻とも別れていなかったので、正式な話ではない。一度、食事でもどうですかという程度の話だ。

その話を沙知代にすると、「会ってみたら」とあっさり言う。当日、約束のレストランへ行くと、なんと、そこに沙知代が現れたのだ。

「私が見極めてあげるわ」

相手の女性は、沙知代の鋭い視線におびえ、お見合いどころではなくなってしまった。

私はいつの頃からか、この女からは逃げられないのだと悟るようになった。

実際、沙知代と一緒になってから、外泊したことは一度もない。浮気は、ゼロだ。

浮気をしなかったのは、もちろん、第一に沙知代が怖いからである。だが、その一方で、私は沙知代の強烈な嫉妬心に妻の愛情を確認してもいた。

愛しているという言葉は、嘘でも言える。だが、嫉妬に嘘はない。私は妻の束縛を失うことのほうを、どこかで怖れていたのだ。

浮気をしなかった理由は、もう一つある。

はっきり言ってしまえば、モテないからだ。

私にとって、沙知代より、銀座の女の方がはるかに怖かった。

銀座のクラブで彼氏のいない女などいない。でも男に媚びて寄りかかってくる。そういう場所だし、それを楽しむものなのだとわかっていても、体質上、酒が飲めないせいもあるのだろう、どうしても商売用の顔が透けて見え興がさめてしまうのだ。そんな無粋な男が夜の銀座でモテるはずがない。

そこへいくと、沙知代の嫉妬心は厄介だが、ストレートでわかりやすかった。私はどこかで安心感すら覚えていた。

私は銀座のクラブでコーヒーを飲んでいた。酒の力を借りれば、夜の世界に身をゆだね、男と女のだまし合いを楽しむこともできたのかもしれないが……。しらふで沙知代以外の女を抱きたいとは、どうしても思えなかった。

沙知代と一緒に暮らすようになってしばらくして、私の方から将来的に籍を入れるつもりがあることを話した。克則を父なし子にはできない。

克則が生まれた五年後、一九七八年に、ようやく前妻との離婚が成立し、私と沙知代は入籍した。

挙式などは一切、行わなかった。記念写真も撮らなかった。

そもそも私たちの結婚は、祝福されたものではなかった。唯一の家族である三つ年上の兄は、沙知代が前妻から私を略奪したと思っていたらしく、沙知代のことを敵視していた。

真面目な兄だったので、前妻が不貞を働いたことは話していなかった。単なる私と沙知代の身勝手だと思っていたようだ。

一方、沙知代も沙知代で、いろいろな嘘がばれるので、私と自分の家族を会わせるわけにはいかない。だから、家族の誰にも私と結婚したことを言っていなかったようだ。

ただ、結婚指輪だけは奮発した。ゴールドの指輪に野村家と伊東家の家紋を彫った。沙知代のアイディアだった。プレー中は外していたが、それ以外のときは必ずはめていたし、現役を引退してからは常に身に着けていた。

もちろん今も、左手の薬指にはめている。

話は前後するが、入籍する前、一九七七年シーズン終了後に私の人生に一大転機が訪れた。南海をクビになったのだ。その原因は、沙知代にあった。

その年の四月、豊中市の自宅に泥棒が入った。それによって私と沙知代の同棲生活がばれた。それを一つのスポーツ新聞が大々的に報じたのだ。

私の中に不倫をしているという意識はなかったが、当時、前妻との離婚はまだ成立していなかったので世間的に見れば沙知代は愛人になる。一方、沙知代は、前の夫とすでに離婚が成立していたようだが、そのあたりの情報が錯綜し「ダブル不倫」と書き立てられた。

球団からは「女」を取るか「野球」を取るかと迫られた。

愛人問題というのは表面上の理由で、球団としては、沙知代を排除したくてならなかったのだと思う。

というのも私はまったく知らなかったのだが、沙知代は球団や選手に再三、クレームというか、文句をつけていたようなのだ。「あんたが打てないからダメなんだ」とか、「しっかりしろ」という類のことである。球場に来て直接、罵ったこともあれば、電話で怒鳴りつけたこともあったという。それは言われた方からしたら、たまらない。

元来、感じたまま、見たままをズバズバ言ってしまう性格である。自分が野球のド素人で、相手がプロ野球選手であっても、それは関係ない。チームでいちばん野球を熟知し、監督である私ですら言えないようなことを、沙知代は平気で言えてしまう。恐れを知らないにもほどがある。

その存在を煙たがられているところに、愛人問題を暴露された。球団にとっては、好都合だったことだろう。

しかし、球団としては、私も一緒に去ることになるとは、考えていなかった節がある。

球団から沙知代と野球の二者択一を迫られた私は即断した。

女を取る、と。

球団サイドは驚いていたが、私に迷いはなかった。伊東沙知代は世界で一人しかいない、しかし、仕事はいくらでもあると、反射的に思ったのだ。

そう、私は「世界で一つ」に弱いのだ。

三歳のときに戦争で父親を亡くし、母親は沙知代と出会う二年前に病気で他界していた。

私は孤独だった。頼れるのは、沙知代しかいなかった。

8

「関西なんか、大ッキライ」

沙知代のこのひと言で、東京へ行こうと決めた。

私も関西人だからわかるのだが、関西人は陽気な反面、陰湿である。不平不満があっても、表面上は、にこにこしている。そして、陰で辛辣に罵るのだ。関西人は元来、陰口好きだ。私も、今もその節がある。

一方、沙知代は、はっきり過ぎるほどはっきり物を言う。陰でぐちぐち言わず、面と向かって罵倒する。良し悪しだが、そういう意味では、裏表はない。

関西という土地が、妻に合うわけがなかった。犬を水槽で飼うようなものである。

当時、私はリンカーンに乗っていた。みんなの憧れと羨望を浴びるために買ったアメ車だ。自分は見栄っ張りだと宣伝して走っているような車だった。

そのリンカーンに、まだ小さい克則を乗せ、三人で東京へ向かった。

超高級車で東京に乗り込むと言えば聞こえはいいが、心はこれ以上ないほどに沈んでいた。

その頃、ようやく前妻と離婚が成立したのだが、蓄えはほとんど持って行かれてしまった。あるのは、舶来物の大量の洋服だけ。

私から野球を取ったら、何もない。とはいえ、人前で話すことが苦手な私が野球評論家などで食べていけるとは、そのときはつゆほども考えてはいなかった。

どうやって生きていけばいいのだろう……。

そのときの情景だけは今もはっきりと記憶している。

名神高速から東名高速に乗り換えたあたりだった。

「これから、どうするよ……」

私がつぶやくと、妻は鼻で笑った。

「なんとかなるわよ」

彼女の得意のセリフだった。

私は沙知代のせいで南海をクビになった。だが、そんなことはまったく気にしていないようだった。

いや、もっと言えば、内心、これで関西とおさらばできると、喜んでいるようですらあった。

頭を下げるとか、腰を低くするとか、そういうことはすべてどこかへ捨ててきてしまったような女である。すべて上から目線。すべて頭ごなし。地球は自分中心に回っているると本気で思っているのだ。

感謝も、謝罪も、自分の弱みを人に見せることだと考えていたのだろう。

常に強気でいること——。

それこそが彼女の呼吸法だった。

沙知代は、あらゆる動植物が死に絶える砂漠ですら、力強く枝を伸ばし、真っ赤な花を咲かせるだろう。

あのときほど、そんな妻の生命力に救われたことはなかった。

大阪を出る前、こんなことがあった。

当時、私の後援者の一人に比叡山の高名なお坊さんがいた。

そのお坊さんは、私の前妻のこともよく知っていた。

南海を退団したとき、沙知代と二人でお寺にあいさつにうかがったのだが、沙知代に会うつもりはないと門前払いを食らった。

報道で沙知代に対する先入観があったようだ。

とんでもない女だ、と。

心の中でそう思っていたとしても、わざわざやってきた人間に、その態度はなかろうと思った。ましてや、信仰の道に生きている人だ。せめて話ぐらい聞いてやろうというのが人の道ではないか。

私は、そう言いたい気持ちをぐっと飲み込んだ。

ただ、沙知代は、そんな仕打ちを受けて黙っているような女ではない。

「会わないってどういうことよ！　クソ坊主！」

沙知代は、あらん限りの罵声を浴びせた。

終《しま》いには、お坊さんが「警察呼ぶぞ！」と叫ぶほどの騒動となった。

まあまあと二人をなだめながら、私は溜飲が下がる思いだった。

沙知代は、敵に回したらこんなに厄介な相手はいないが、味方につけたらこれほど頼もしい存在もない。

女性上位の国は栄えると言われる。ヴィクトリア女王が統治した時代の大英帝国がそうだった。同じように、女性が強い家庭の方がうまくいっているのではないだろうか。

さほど人脈があるわけではないが、大きな会社の社長を何人か知っている。彼らの家庭に共通するのはカカア天下だということだ。

ある大会社の社長の家に招かれ、びっくりしたことがある。旦那さんが何か話そうとすると、奥さんが「あんたは黙ってればいいの」とピシャリ。話に加わらせないのだ。

誰もが知っている財界の大物である。いわば、会社では王だ。その男が、奥さんの前では、リスだかネズミのように小さくなっている。

私が帰るとき、旦那さんが玄関まで見送りにきて、耳元で言った。

「野村君、今度は男同士で行こう」

そのあと二度、二人で銀座で食事をした。そのとき、「家で威張っている男にろくなのはいない」という話で盛り上がった。

プロ野球選手でも、家で奥さんをあごで使うようなタイプがいる。そういう選手に限って一軍と二軍を行ったり来たりしているものだ。

職場で威張れない男が、その憂さ晴らしに家庭で威張るのだ。

成功している人物ほど、家に帰ると奥さんの好きにさせ、ぺこぺこしている。家庭ではあえて女性に天下を取らせた方がいい。その度量の大きさが、自分を磨き、会社を繁栄させるのだ。

一緒に食事をしていても、十時になると、必ず帰る社長もいたな。自分が連れてきた友人を私に押し付け、先に帰ってしまうのだ。

その理由がいい。

「夜遅くなると、奥さんに怒られるから」

銀座でも有名な笑い話だった。恐妻家と言われていたが、日本でも有数の優秀な経営者だった。

私もグラウンドでは誰にも何も言われなかったが、家に帰ると妻に言われ放題だった。

それでもけんかにならなかった。すべて従っているので、けんかになりようがないのだ。自慢ではないが、私は一度も、夫婦げんかをしたことがない。

まあ、私の場合は単純に気が弱いだけかもしれないが。

「気は優しくて力持ち」ならまだいいが、「気が弱くて力持ち」である。頼りになるのだか、ならないのだかわからない。

東京に出てきてからの私はついていた。

もはやどこも私を選手としては獲得してくれないだろうと覚悟していたのだが、ロッテで一年、西武で二年プレーすることができた。

南海を退団した直後はスキャンダラスな記事を書かれ、信用も失墜した。だが、昔は「人の噂も七五日」と言ったもので、やがて収束した。

今は「七五日」も持たないのではないか。一週間程度で、目まぐるしく話題が入れ替わっていく。ネットニュースのせいだ。

9

ネットユーザーは貪欲だ。獲物をいくら捧げても足りないと求めてくる。少しでも古いと、もう食わない。新鮮な獲物をあさり始める。

もはや、私が死んでも、そんなニュースは、半日も持たないのではないか。

一九八〇年、西武のユニフォームを最後に、四五歳で現役を退いた。二七年間のプロ野球人生だった。それだけやれれば悔いはない。

それからの私もついていた。

克則が生まれた年、一九七三年のオイルショックで、高度経済成長期は終焉を迎えたが、その頃になると、再び日本の景気が上向いてきた。税金を払うくらいなら、そのぶん社員教育に使おうという経営者が増えた。

講演ブームの到来である。

そして、八〇年代中頃からは、バブル経済へ突入。講演ブームは加速し、猫も杓子も講演に引っ張り出されるような時代になった。

私は、その需要にぴったりはまったのだ。

東京にやってきてからというもの、沙知代は妻であると同時に、私のマネージャーでもあった。講演の回数は、一日二回は当たり前。三回やったこともある。年間三〇〇本は下らなかった。

マネージャーとしての手腕は、頼もしくもあったが、ときどきとんでもない失敗をやらかした。

沙知代は典型的な地図音痴だった。

一度、こんなことがあった。その日も一日に二回講演するスケジュールを組んでいた。そこは別段、問題はない。だが場所と移動時間が大問題だった。

一本目、三重県鈴鹿市で講演し、その一時間後に大阪市で再び登壇しなければならなかった。どうやったら、鈴鹿から大阪まで一時間で移動できると考えたのだろう。

後から入れた鈴鹿の方をキャンセルして欲しいと頼んだが、主催者側もなかなか引き下がらなかった。最終的には、ヘリコプターを緊急出動させ、大阪まで運んでくれることになった。

起死回生の一手で、ことなきを得た。たかだか私の講演である。今の時代では考えられないことだ。

沙知代は私を売り出す絶好機が到来したと感じていたのだろう、とにかく一本でも多く詰め込もうとした。

あまりのハードなスケジュールに、冗談ではなく「俺はこいつに殺されるのではないか」と思ったほどだ。

一日三本目ともなると、疲労も手伝い、何を話しているのかわからなくなる。支離滅裂なことを話し始めているとわかりながらも、その修正がきかなくなってしまうのだ。

私はさすがに一日三本はやめてくれと頼んだのだが、沙知代は私の要望などお構いなしだった。

「できるわよ。あなた、必要とされてるんだから、幸せと思いなさい」

そう言われると、返す言葉がなかった。

最初はまったく自信がなかった。講演を受け始めたばかりの頃、私はストレスで円形脱毛症になっていたようだ。人前で話すことが大の苦手だった私にとって、講演ほど不向きな仕事はなかった。

沙知代は気づいていたようだが、私は気づいていなかった。私が気にやむだろうと、後になってから円形脱毛症だったことを教えてくれた。

当時は、どの野球評論家も講演で忙しくしていた。

一回の講演で三〇〇万円のギャラを得ていた元監督もいたと聞く。それは、さすがにもらい過ぎだ。

われわれ元プロ野球選手は、とても狭い世界で生きてきた。野球のことしか知らない。どだい、そんな大金をもらうほどの話ができるはずもない。

ただ、野球は国民的スポーツなので、興味を引く話くらいならできる。

私は講演料は高くても一〇〇万円以上は受け取らないと決めていた。沙知代は、もちろん、もっと単価を上げようとした。だが、そこだけは引かなかった。

いい人ぶるつもりはさらさらないが、そこだけは良心が咎めた。私のような人間が、たかだか一時間から一時間半話すだけで何百万円ももらうのは常軌を逸している。

もちろん、計算もあった。ギャラが安い方が人気も長持ちする。ネームバリューがあって、話がおもしろくて、ギャラが安い。だから、次々と講演が舞い込んだのだ。

私は講演だけでなく、野球解説の仕事もこなした。むしろこちらが本職である。

沙知代は私の出ているテレビは欠かさず観ていたようだ。

口を開くときは、批判ばかりだった。

「説明がくどくてわかりにくい」

「もっとはっきり話しなさいよ」

「あんなこと、誰にでも言えるわよ」

褒めることは、まずない。何も言わないか、文句を言うかのどちらかだ。

人を褒めるのが苦手な私もそこは同じだから、そのことに関しては何も言えないところがある。

つまり、何も言わないということは、よかったということなのだと解釈した。

監督時代、私もそうだった。

沙知代は、私の服装をチェックするときも、同じジャッジ方式だった。妻は着るものにもうるさかった。私の服を自分で買ってくるようなことはなかったが、自分が気に入っている店へ連れて行き、そこで私に選ばせた。

東京プリンスホテルの地下に「PISA」（現在は隣接するザ・プリンスパークタワー東京に移転）という高級セレクトショップが入っていて、そこへはよく連れて行かれた。デパートの紳士服売り場より、はるかに垢抜けていた。

ロサンゼルスのビバリーヒルズにも行きつけのセレクトショップがあった。日本人の店員がいて、日本語が通じるので私にとってはありがたかったのだ。

それらの店で私が試着し、沙知代は自分の趣味に合わないときだけ物申す。

「なに、それ」

いいときは黙っている。

家でも同じような感じだった。二階で着替え、一階に降りてきたときに何も言われなかったら合格。「なに、その格好」と言われたら、二階に戻る。

家に帰ってきて「服のセンスがいいと褒められたよ」と言うと、たいそう喜んでいたな。

講演ブームとはいえ、声がかかるのは、現役時代にそれなりの実績を残した選手だけだ。

私のように現役時代、トップクラスの年俸を得ていて、評論家に転向後、さらにその現役時代の何倍も稼いだという野球人はそうはいないだろう。

沙知代は金を儲けること、もっと言えば、人を動かして金儲けをすることに関しては天才的だった。

私は妻に背中を押され、その気にさせられ、野球評論家としても花を咲かすことができた。私一人だったたら、講演は受けてもあの十分の一程度だっただろう。あるいは、もっと少なかったかもしれない。

大阪を離れてからは、順風満帆、いいことばかりだった。

南海をクビになっていなかったら、今の私はない。まさに「災い転じて福となす」だった。

沙知代は私のラッキーガールだと思った。

10

東京に住んでみて、初めてわかったことがある。

当時、関西には阪神タイガースがあり、阪急ブレーブスがあり、南海ホークスがあった。田舎者の私は、西も東も同じ都会だと思っていた。

しかし、野球界の中心はやはり東京にあった。球界の盟主は、今も昔も変わらず巨人である。私がどんな成績を残そうとも、ON（王貞治、長嶋茂雄）は超えられない。それをしみじみと感じた。

その腹いせだったのだろう、沙知代は新聞に掲載された巨人の大きな記事によくタバコの火で穴を開けていたものだ。

いつか見ておれよ――。

そんな思いだったのだろう。

だが、そうした巨人へのライバル心も、結局のところ、巨人には絶対にかなわぬと認めているようなものだった。

私は所詮、南海の出身だ。大阪は巨大な田舎だった。


引退して五、六年経った頃だろうか、講演ブームのおかげで田園調布に家を買うことができた。

土地の広さは三〇〇坪。広い庭付きの一戸建て住宅だった。部屋数はさほど多くはないのだが、一つの部屋が大きかった。

実は私たちは、中古物件ではなく、「できかけの家」を買った。完成間近というタイミングで、元の買い主が、その家を買えなくなってしまったのだ。なんでも経営していた会社がつぶれてしまったのだという。

だから、田園調布の三〇〇坪の家としては、通常の価格よりは安かったのだと思う。沙知代は、そういうのを見つけてくるのが、とにかくうまいのだ。

買うかどうか迷っているとき、沙知代は、その家に占い師を呼んだ。妻は困ったとき、風水やジンクスにもよく頼った。

パワースポットにも詳しく、ヤクルトの監督時代、大事な試合の前にわざわざ日帰りでオーストラリアのエアーズロックまで飛んで帰ってきたなんてこともあった。そんなことをしていたとは私はまったく知らされていなかったのだが。

また、「私が球場へ行くと負けるから」と、ずっと室内練習場のモニターで試合を観ていた。観るだけならまだいいが、灰皿の中でタバコを線香のように立て、それに祈りながら観戦していたという。

そういう私もジンクスを信じる方だった。監督時代、ラッキーカラーのピンクのシルク製パンツを愛用していたことがある。しかも勝っているときは、ゲンを担いで穿き替えなかった。

沙知代は信心深い。ただ、いかにも彼女らしい話なのだが、見切りをつけるのも早かった。その基準は、当たり外れではない。いいことを言う占い師は信用し、悪いことを言う占い師は詐欺師扱いされた。

田園調布の家へやってきた占い師は、年配の男性だった。家の真ん中に立ち、十分くらい腕を組んで、じっとしていた。

そして、きっぱりと言った。

「借金してでも買いなさい。そうすれば、どんどん仕事が舞い込んで、家にいられなくなるぐらい忙しくなるから」

沙知代にとっても、私にとっても、田園調布といえば、東京で成功した証のようなものだった。

東京のド真ん中――。

それは私たちにとって、永田町でも、新宿でもなかった。田園調布だった。

気持ちは買う方へ大きく傾いた。

ただ、もちろんだが、一括で買うほどの貯金はなかった。

評論家という浮き草稼業ゆえ、お金を貸してくれるところなどあるだろうかとこぼすと、占い師は「銀行へ行ったら、貸してくれるはずだ」と断言した。銀行で相談すると、すんなりと話は通った。

優柔不断な私はそれでも決めかねていた。そういうときは沙知代の出番だ。

「なんとかなるわよ」

得意のセリフで、強引に話をまとめてしまった。

果たして、以降、占い師の言葉通りになった。

講演の依頼は途切れるどころか、ますます増えていった。沙知代はさらに強引に仕事を入れていったが、もう文句は言えなかった。多額の借金を抱えたこともあり、これまで以上に必死になった。

それも当然、沙知代の計算のうちだったのだろう。

三〇〇坪というのが私の自慢だったのだが、今、私の家は半分になってしまった。

六、七年ほど前、庭に克則夫婦の家が建ってしまったのだ。沙知代の提案だったという。

自分で言い出したことなのだから、当然、妻は喜んでいたが、私は複雑だった。そのせいで庭がなくなってしまった。応接間から四季折々の庭を悠々と眺めるのが私にとって至福のときだったのだ。

だが結果的には、よかった。妻を失ったあと、こうして安心して暮らせるのは克則夫婦がそばにいてくれるからだ。

私は沙知代に母の面影を重ねていたが、克則は、まったく逆だった。沙知代を反面教師にしたのだろう。沙知代とは、まったく違うタイプの女性と結婚した。おっとりしていて、包容力があって、聡明だ。本当に素敵な女性である。

なのに、沙知代は克則の嫁を嫌っていた。ただ、どんな女性であれ、克則の嫁は嫌われる運命にあったのだろう。

要は、息子を取られ、嫉妬しているのだ。四一歳のときに産んだ子どもだけに、余計に思いが強いのだろう。

こんなにいい嫁はいないぞと何度も言い聞かせたのだが、「嫌いなの!」の一点張りだった。世間によくある姑と嫁の関係である。

今は、半分になった家の、さらに半分しか使っていない。足が弱り、二階をほとんど使わなくなってしまったせいだ。

半分の半分になっても、もはや年老いた私の一人暮らしには広すぎる。

東京に出てきたとき、沙知代にも、私にも、クビにした南海を見返してやるんだという気持ちがあった。

その象徴がこの家だった。

まあ、また見栄を張ってしまったな。


大阪を出るとき、沙知代が「なんとかなるわよ」と言った通り、本当になんとかなった。

威勢のいいことを言って飛び出したものの、不安で仕方なかった。よくぞ生き延びてこられたものだ。

ただ、南海は消滅してしまったな。

私は南海を去るとき、オーナーと社長を前にして、こう捨て台詞を吐いた。

「私を失ったら、この球団はダメになりますよ」

二人とも、何をぬかしおるんだという顔をしていた。もちろん、こちらも半分は腹いせに言ったまでだ。

私が監督だった八年間、南海は、ほとんど優勝争いにからみ、一九七三年には七年ぶりにリーグ優勝を果たした。

ところが私が去った後、七八年からの一一年間は、低迷した。四位が一回あるだけで、あとは五位か六位。そして一九八九年にダイエーに身売りした。

正直なところ、こんなに気持ちのいいことはなかった。

11

沙知代は一時期、タレントの真似事のようなこともやっていた。私が再びグラウンドで脚光を浴びるようになったせいだ。

私は一九九〇年、一三年ぶりに監督復帰を果たした。ヤクルトの当時の球団社長、相馬和夫さんが家までやってきて、直々に監督就任を要請された。それまでの評論家活動が評価されてのことだった。

パ・リーグ育ちの私は、セ・リーグにはまったく縁がなかった。それだけにヤクルトから声がかかったときは驚いた。

私には、三つの黄金時代があった。一つは現役時代。もう一つは、講演に明け暮れた時代。三つ目はヤクルト、阪神、楽天と三球団を渡り歩いた監督時代である。

その間、沙知代は私にとって唯一の支えだった。支えがあったからこそ、安心して仕事に打ち込むことができた。

ヤクルトの監督就任三年目、一九九二年に、私はヤクルトを一四年振り二度目のリーグ優勝に導いた。翌年はリーグ連覇、さらに日本一にも輝いた。

この頃から、内助の功で沙知代にもスポットライトが当たり始めた。

テレビ出演や講演が増え、一九九六年四月からは、『笑っていいとも！』の人生相談コーナーのレギュラーに抜擢された。『笑っていいとも！』のレギュラーといえば、一流タレントの証である。

サッチーの愛称が広まったのもこの頃だ。『笑っていいとも！』で当時、

SMAPのリーダーだった中居（正広）君が、そう呼び始めたのだ。

相手が誰だろうとズケズケと物を言える沙知代は、無口な私よりはるかにタレント性はあったと思う。ただ、担がれれば乗っかるタイプだが、本人はそこまで乗り気ではなかったのではないか。

妻がもっとも輝くのは、男をコントロールし、その男が成功を収めたときだ。「野村克也が一番、私は二番」と語っていたように、本人も、自分の得意なポジションを自覚し始めていたのだと思う。

妻は、忠実な番犬のような面も持ち合わせていた。ただ、番犬は番犬でも、どう猛なドーベルマンである。

敵と判断すると、時と場所を考えずに吠え、噛みつく。お陰で、こちらは助かるどころか、迷惑を被ることも度々だった。南海時代など、その好例だ。

テレビも沙知代の扱い方を心得ていて、いかにもという獲物をチラつかせて挑発し、噛みつかせるのだ。そのリアクションが派手であればあるほど視聴率を取れるものだから、テレビ側の演出もどんどんエスカレートしていく。そりゃ、誤解されるわな。

テレビでの発言が尊大に映ったせいだろう、ずいぶんな言い方をされたこともあったようだが、タレントとしては言われるうちが華だくらいに思って、私は傍観者を決め込んでいた。

言いたいやつには言わせておけばいいのだ。

ただ、沙知代も調子に乗って、あることないこと話したり書いたりするものだから、克則あたりはだいぶうんざりしていたようだがな。よく口論になっていた。ママのことをどう話そうと勝手だけど、俺まで巻き込むなよ、と。克則が公にして欲しくないようなことまで、平気で本に書いていたそうだ。克則の言い分は、もっともである。

その点、私は何を言われようとも、何を書かれようとも、妻に何一つ文句を言ったことはない。というのも妻のテレビ番組も、本も、一切観たこともなければ読んだこともないのだ。どうせ好き勝手、自分に都合のいいように解釈していたのだろう。

ただ、タレントとしては、あの頃が沙知代のピークだった。もっとはっきり言えば、限界だったのだ。


人には分というものがある。

それをわきまえないと、とんでもないことになる。

沙知代は九六年秋、旧新進党から衆院選に立候補した。党首の小沢一郎さんに口説かれたのだ。

あの頃の小沢さんは、いちばん勢いがあった。ゆくゆくは総理大臣になるのではないかとまで言われていた。その小沢さんが早朝に家まで来て、今の日本の政治には沙知代の力が必要なのだと熱心に話をしてくれたのだ。

私の方が舞い上がってしまったのかもしれない。私は、つい背中を押してしまった。やってみたらどうか、と。

だが、あれは大失敗だった。

私は宣伝カーに乗って応援演説までした。しかし結果は、四万三三四七票で落選。野球場にそれだけの人数が集まったら、大入り満員である。たいしたものだと思ったが、選挙ではぜんぜん足りなかった。

沙知代が出馬した東京五区で当選した人は八万票以上獲得していた。惨敗といっていい得票差である。選挙はそんなに甘いものではなかった。

凹《へこ》んでいる私とは対照的に、沙知代はさばさばしたものだった。いつものように落ち込んだ素振りさえ見せなかった。

ただし、選挙の本当の怖さを知るのは、この後だった。

選挙に出るということは、国民に自分は「公人」だと宣言することだ。公人とは、つまり、国民に身体チェックを許すということである。素性を暴かれるのだ。落選しても、だ。

私ひとりは騙せても、一億人近い有権者の目はごまかせなかった。

私はヤクルトの監督を九八年に退き、翌九九年から阪神の監督に就いた。その開幕一週間前から、世間でいう「サッチー・ミッチー騒動」が始まったのだ。

女優の浅香光代さんが、あるラジオ番組を降板するとき、積もりに積もった鬱憤を晴らすかのように、沙知代を猛バッシングした。舞台で共演するなど、少なからず親交があったようだ。

遅刻をしても謝らなかったり、あいさつをされても返さなかったりと、数々の無礼を働いたようだ。よく知っている人なら、サッチーらしいなと、笑って許してくれるかもしれないが、普通の人は、そら、怒るわな。

かつて、強面《こわもて》の沙知代をここまで公然と批判した人はいなかった。批判というよりは、ケンカを売られたといってもいいだろう。

メディアからしたら、最高の「獲物」である。各媒体とも浅香さんのコメントを大々的に報じ、二人の熟女対決をあおった。

テレビは浅香さんを反沙知代派の総大将として祭り上げた。

浅香さんは高い防波堤となった。高い壁に守られていることで、あちらこちらから沙知代への不満が噴出した。

元アイススケート選手やタレントが次々と「沙知代は最低の女だ」等々、鬼の首を取ったように猛バッシングを始めた。

そして、そのコメントをまた沙知代の目の前にチラつかせる。妻も、さすがにダンマリを決め込んだ。

シーズン中、遠征先だと宿舎を出るのは午後三時頃だ。その前、だいたいワイドショーを観ていたのだが、連日、サッチー、サッチーである。

こんなにも私の妻は世間から嫌われていたのか……。

本人の自業自得とはいえ、反沙知代派の人たちは、よくぞここまで他人をこき下ろせるものである。

このときは、さすがに、なぜ、私はこんなにも女運が悪いのだろうと頭を抱えた。

南海に入団するとき、京都・祇園の有名な占い師に未来を占ってもらった。そのとき、こう予言された。

仕事は上々、もし失敗するとしたら女性でしょう、と。

この騒動は単なる批判合戦には終わらなかった。沙知代がこれまで偽ってきた経歴のほとんどすべてが暴かれた。

馬鹿だと思われるかもしれないが、私は出会ってから約三十年間、沙知代の言うことを信じ切っていた。ところが、沙知代が私に語ったキャリアは、ほぼ一〇〇パーセント嘘だった。

妻は、東京生まれの東京育ち、戦闘機を作っている会社社長の娘だと話していた。これも、東京で生まれたということ以外はすべて嘘。まったく逆だった。疎開先の福島県白河の貧しい農家の娘だった。沙知代は五人兄弟《きょうだい》姉妹のいちばん上で、東京に出稼ぎに出て、家計を助けていたこともあったようだ。何をしていたかまでは知らない。

なぜ、それを恥ずかしいと思うのだろうか。私も京都の貧しい村で生まれ育ったが、それを隠そうとは思わなかった。

沙知代は自分の嘘がばれるのが嫌で、私と自分の家族を一度も会わせようとしなかったのだ。

いや、私は一度、会っていたのかもしれない。

いつだったか、福島遠征で郡山に行ったときのことだ。白河はちょうど通り道でもある。

どこの駅だったかまでは覚えていないが、老婦人が私の存在を見つけると、窓の外で私に向かって深々と頭を下げた。電車が見えなくなるまで、いつまでも頭を下げていた。

印象的な光景だったので、覚えている。沙知代が白河出身だと聞いたとき、そう言えば……と思い出したのだ。

いや、わからない。そんなもの、本当は見ていないような気もする。沙知代の両親に一度も会えなかったという罪悪感が、勝手に記憶を改ざんしてしまったのかもしれない。

いずれにせよ、沙知代の両親が不憫でならない。自分の娘に、自分たちの人生を否定されたようなものである。

私はたった一度だけ、沙知代の涙を見たことがある。

ヤクルトの監督時代の話だ。

食堂にいた沙知代が、私が入ってきたことに気づくと、涙を拭うような仕草をしたのだ。最初は気のせいかとも思った。

だが、のちに、ちょうどその時期、沙知代の母が亡くなっていたことを知った。

沙知代は沙知代で、やはり母親に相当、迷惑をかけたようだ。私と同じように母に楽をさせたいという思いもあったのではないだろうか。そう思いたい。

私と付き合い始めた頃、沙知代はバツイチだという言い方はしていたが、正確には、夫とほぼ別居状態にあっただけで籍は抜いていなかった。

最初の旦那は高級デパートの御曹司だと話していたが、実際はアメリカ人で、ダンもケニーもその男との間に生まれた子どもだった。

どこでどう知り合ったのかは知らないが、最初の旦那がアメリカ人だということを何としてでも隠したかったようだ。

子どもたちも気の毒である。自分で産んでおきながら、長男のダンはもらい子だと言われ、次男は父親を偽られたのだから。

沙知代とケニーはのちに、絶縁状態になったことがある。ケニーは母に甘えたいときに、まったく甘えられなかった。ケニーに絶縁状を叩きつけられ沙知代も辛かっただろうが、ケニーが負った傷の深さも想像できる。

ダンもケニーも間違いなく沙知代の子である。二人とも脚がきれいだ。ファッションモデルのような脚をしている。沙知代にそっくりだ。

沙知代は外国人を見かけると、じつに流暢な英語で話しかけた。高卒で学のない私は、そこに強く惹かれた。どこで英語を習ったのかと聞くと、コロンビア大学だという。

コロンビア大学がどこにあって、どれほどの大学なのかはわからなかった。ただ、海外に留学経験があるというだけで、眩しく見えた。

ただ、これも嘘だった。英語は最初の旦那から習ったのだ。要は、ベッド・イングリッシュである。

テレビ局というのはたいしたものだ。わざわざコロンビア大学まで行き、在籍者名簿を調査し、沙知代の嘘を暴いた。

沙知代に全部嘘だったのかと言ったら、「あんたには関係ないでしょ！」と怒鳴り散らされて終わりだった。そうなったら、もう誰も手をつけられない。関係あるよな。

だが、それ以上、問い詰めることはしなかった。もう嘘であることは明白なのだから。

腹が立たなかったと言えば嘘になる。だが、そういう女に惚れてしまったのだから、仕方がない。

騙す方も騙す方だが、騙された方も悪い。

妻の悪いところは、こちらにも責任がある。


沙知代は私にないものをたくさん持っていた。

初めて一緒にハワイへ行ったとき、パパイヤやマンゴーを教えてくれたのも沙知代だった。私は田舎者だから、高級フルーツと言ったらメロンぐらいしか知らなかった。

パパイヤもマンゴーも、まだほとんど日本に入ってきていなかったのではないだろうか。にもかかわらず、沙知代は当たり前のように知っていた。食べてみて、本当に驚いた。世の中に、こんなにおいしいフルーツがあるのかと。今でも大好物である。

私は田舎者だから、沙知代に華やかな経歴と生活を並べ立てられ、すっかり舞い上がり、完全に信じてしまったのだ。

ミッチー・サッチー騒動は、異例のロングランとなった。

この移ろいやすい世の中で、なんだかんだ一年近く、沙知代はメディアに追いかけ回され続けた。

それにしても、あいつはいい心臓をしていた。

あんなにいくつも嘘をついて、いつかばれるに決まっているではないか。

だが、騒動にはまだ続きがあった。
沙知代はもう一つ、大きな嘘をついていた。

12

私は女房のせいで二度も監督をクビになった。世界広しといえども、そんな男はこの私だけだろう。ギネス級の記録である。

阪神監督三年目のオフだった。

二〇〇一年一二月五日。午後二時頃、スーツを着た厳しい顔つきの男たちが私の家になだれ込んできた。

「何も触らないでください！」

東京地検特捜部だという。ここ数ヵ月、メディアを賑わしていた沙知代に関する疑惑は、やはり本当だったのだ。

こんなシーンをテレビで観たことはあった。だが、とても現実のこととは思えず、私は呆然と立ち尽くしていた。

次々とメモ帳やノート類が段ボール箱に詰め込まれていく。

これが家宅捜索ってやつか……。

同じ頃、沙知代は都内のホテルで任意同行を求められ、地検で逮捕されていた。

沙知代が脱税していたことには、まったく気づかなかった。お金の管理はすべて妻に任せていた。

特捜部の人には「知らないわけないでしょ」と責められたが、本当に何も知らなかったのだ。

「あなたは野球のことだけ考えててちょうだい」

お金のことについて聞くと、沙知代は決まってそう言った。

言っても無駄だという思いもあった。だが、半分はその言葉に甘えていた。無責任な話だが、それはそれで楽だったのだ。

講演ブームのときは、怖いほど金が入ってきていたはずだ。現役時代も、監督時代も相応の給料はもらっていたつもりだが、その比ではない。

何せ日給が一〇〇万とか二〇〇万である。私は小心者なのでそんなことはできないが、脱税したくなる気持ちはわからないでもない。沙知代は税金で持っていかれるなど馬鹿らしいと思っていたのだろう。

妻の頭では「納税の義務」という国の仕組みが理解できなかったのだと思う。複雑だからではない。納得できないからだ。自分で稼いだ金を自分で使って何が悪いのかと、本気で考えていた節がある。

恐ろしく計算が立つ反面、そのあたりの思考が怖いぐらいにシンプルなのだ。

「税金を払う」イコール「国に金を盗まれる」くらいに思っていたのだろう。盗まれる前に盗んで何が悪いのか、と。

それにしても、五億六〇〇〇万円もの所得を隠していたとは……。

我ながら、よう稼いだもんだ。脱税額を聞き、改めて実感した。


沙知代と一緒になってからというもの、私は、現金をほとんど手にしたことがない。妻に現金が欲しいのだがと掛け合っても「カード持ってるじゃないの」で終わりだ。

クレジットカードが世に出た当時、なぜこんなプラスチックのカードで何十万もする物が買えるのか、私は、その仕組みすらわかっていなかった。

妻は私がいつ、どこで、何を買っているのか、全部知っていた。

あるとき、突然、「こないだベルサーチで買いものしたのね」と言われ、ドキりとした。なぜ、沙知代がそれを知っているのか。何十年もの間、不思議でならなかった。沙知代に尾行されているのではないかと本気で思ったほどだ。

誰がキャッシュカードなどというシステムを考えたのだろう。便利になったというが、私はちっともそうは思わない。

南海時代は、二五日になると、封筒に入った現金をマネージャーからもらい、受け取りましたというサインをする。選手兼監督の時代は、給料袋が二つあった。二つを合わせるとかなりの分厚さになる。それを選手に見られると彼らがひがむので、監督のぶんは小切手にしてもらっていた。そうすれば、監督もそんなにもらってないのだなと思われる。そんな気遣いが、今となっては懐かしい。

昔のように、働いている本人に直接現金で払う方がわかりやすかったし、私にとっては便利だった。私はプロ野球選手になったら、百万の札束を両ポケットに突っ込んで、北新地やミナミを闊歩するのが夢だったのだ。だが、ようやくそれが許される身分になった頃には銀行振り込みになっていた。

キャッシュレスなどという手段が生まれなければ、こんなに大掛かりな脱税はしようがなかったのではないか。

沙知代の手口が明らかになるにつれ、最後は捜査官も驚いていた。

「野村監督は本当に何も知らなかったんですね……」

だから、最初から、そう言っているじゃないか。


阪神では就任から三年連続で、最下位という屈辱を味わった。それでも四年目以降もオーナーから君に任せたいとありがたい言葉をもらっていた。

だが、妻が逮捕されてしまっては、社会的に示しがつかない。

その日の晩、私は阪神の球団事務所に出向いて辞任の意向を伝えた。実質は「解任」だったが、球団の温情で辞任という形にしてもらったのだ。

南海に次いで阪神でも沙知代が原因で監督の職を失った。

邪魔ばっかりしやがって……と腹が立つ一方で、内心、こうも思っていた。女房が原因なら、監督としての私の名前には傷はつくまい。いつかまた、グラウンドに帰ってくるチャンスがあるだろう、と。

我が家の大事に、私は真っ先に自分が野球を続けられるかどうかを考えていたのだ。

選手を指導するにあたって、私はくどいくらいに「野球馬鹿になるなよ」と繰り返してきた。野球を終えてからの人生の方が長い、野球しかできないようでは使いものにならない、と。そう言いながら、私はわかっていた。私こそ、正真正銘の野球馬鹿である。野球を取ったら、ゼロの男だ。

あれだけ厳しく言えたのは、私のような人間になって欲しくないという思いがあったからに他ならない。

犯罪者となった沙知代は拘置所に二三日間、勾留された後に保釈された。私はその間、一度も面会に行かなかった。

直感的に、今は来て欲しくないだろうなということがわかったからだ。

あの沙知代が、よく三週間以上も拘置所に入っていられたものだと思う。そのとき、もう六九歳である。

それまでの人生で、味わったことのない屈辱だったことだろう。

逮捕には息子のケニーも関わっていた。沙知代との会話内容を録音し、それが脱税を示唆した証拠となった。

沙知代はダンもケニーも生まれて間もないときから人に預けっぱなしで、ろくに世話をしていなかった。とはいえ、息子に「売られた」のだ。その心中を察するに余りある。

勾留期間中、沙知代は何を思ったのだろう。彼女の中に「省みる」という言葉がないことは確かだ。

守衛の人には、ものすごくよくしてもらったと話していたな。それを聞いて少し、安心した。

釈放され、初めて会ったとき、沙知代はこう言った。

「迷惑かけたわね」

出会ってから、初めて聞く謝罪の言葉だった。別人に見えた。聞きたいような、でも、聞きたくないような言葉でもあった。

13

信じてもらえないかもしれないが、私は、沙知代と別れようと思ったことは一度もない。

もちろん、二度も離婚したらみっともないという思いもあった。

ただ、沙知代のあらゆる嘘が露見したとき、この女は、そんな嘘までついて私の気を引こうとしたのかと思った。はっきり書けば、私を利用して成り上がろうとしたのだ。

浅はかと言えばそうだ。だが同時に、いじらしくも思えた。

私も幼少期、貧しい思いをしたからわかる。何とかして金持ちになりたいと思った。マグマのように、真っ赤で、ドロドロした感情だった。だが、沙知代が生きた時代は、女性が世に出るにはまだ制約が大きかった。

女はいい男に巡り合えるかどうかで人生が大きく左右された。いや、今もまだ、そういう面は否めない。

私は銀座へ行くと、女の子にいつもこう言っている。

「いい男をゲットせいよ。若いうちはイケメンに惹かれるだろうが、顔など関係ないぞ。年を取ったらわかる。健康で、金を持っている男がいちばんだ」

それを地で行ったのが沙知代である。

自分に嘘をつけない女なのだ。

生物学的に言えば、オスなど所詮、消耗品である。私はメスとして誰よりも嗅覚の鋭い沙知代に、優秀なオスとして選ばれた。

沙知代は「男は当たりかどうか」というのが口癖だった。妻は私にかけた。そして、大当たりを引いたわけだ。

沙知代ほど、私をうまく使った女はいない。男として、本望だと思った。

元来、私は我慢強い。プロで捕手を務めたからこういう性格になったのか、もとからこういう性格だったのかはわからない。

プロ野球のピッチャーは、特にエース級ともなると、金田正一、江夏豊などに代表されるようにわがままな性格のやつばかりだ。だが、そのわがままな投手を繰らなければ、私は飯の種を失ってしまう。

我慢、我慢と言い聞かせるのが習いとなった。そのうち、諦めたのか、許したのかわからないが、何も思わなくなる。

それが慣れである。そう、私は沙知代に慣れたのだ。

言い方を変えれば、適応したのかもしれない。人類が地球上で繁栄したのは、他の哺乳類に比べ、抜群に適応力が優れていたからである。ここで生きるしかないとなったら、人類は、赤道直下でも、極寒の地でも、繁殖することができる。それと同じことだ。

沙知代と出会ってから五〇年弱。少なくとも、そんなに長い間、人間は我慢できるものではない。


今振り返ると、「ここで生きるしかない」と覚悟を決めたのは、克則が生まれたときだった。

克則がいると思えば、どんなことでもすべて水に流せた。そもそも克則が生まれていなかったら、私と沙知代は、単なる浮気で終わっていたかもしれない。つくづく「子は鎹《かすがい》」である。

野球界だけでなく、克則は、みんなに「いい子だ」と言われる。

妻は、自民党の二階俊博さんと親しくさせてもらっていた。二階さんは沙知代にこう言ったことがある。

「さっちゃん、克則君は、ほんとにあんたが産んだの？」

沙知代は「私の子よ！」と、じつに嬉しそうに怒った振りをした。

沙知代は異常なまでの赤ちゃん好きである。赤ちゃんを見かけると、だれかれ構わず「抱かせて。かわいいわねー」とやる。

そのくせ、育てるのは面倒なのだ。

沙知代はダンとケニーのときもそうだったが、克則の育児にも、ほとんど関わってない。本などでは偉そうに教育論をぶっているが、本来、そんなことが言える立場ではないのだ。

沙知代は生まれてまもなく克則を妹に預け、中学校まで面倒を見てもらった。

高校、大学に進んでからは、克則はずっと寮生活である。克則は、他所《よそ》様に育ててもらったのだ。だから常識人に育ったのかもしれない。

とはいえ、先日、浮気がばれて、写真週刊誌にすっぱ抜かれていたな。あいつも男だ。まあ、それくらいは許してやってくれ。

そういう私も父親らしいことは、何一つしてやれなかった。だから、克則には何も言えないのだ。

克則とテレビに一緒に出たとき、克則が「父にはどこへも連れて行ってもらえなかった」とこぼしたことがある。

あれはショックだった。「父親失格」と言われたのに等しいと思った。

一度だけ、沙知代はやはり克則の母親なのだと感じたことがある。

二人でハワイ旅行へ行ったとき、克則がしょんぼりした声で電話をかけてきた。

「ごめん……」

「どうした？」

「泥棒に入られて……」

聞けば、私のコレクションである高級腕時計をぜんぶ持って行かれてしまったという。四〇本近くあったのだが、すべてである。

変わった泥棒で、沙知代の宝石類は一切手を付けず、私の時計だけをごっそり持って行ってしまったそうだ。警察の見立てでは、腕時計を専門にする中国の窃盗団だという。結局、その泥棒はつかまらなかった。

ヨーロッパ旅行したときにスイスで買った世界で一つしかないという、めずらしい時計もあったんだがな。その時計だけは二度と手に入らない。あれだけでも返して欲しかったのだが……。

克則から電話で報告を受けたとき、私はショックで口もきけない状態だった。

一方、沙知代は真っ先に息子の安否を気遣った。

「あんたは、大丈夫なの？」

無事を確認すると「克則が無事だったんだから、いいじゃない」とすぐに切り替えていた。

腕時計の心配ばかりしていた自分が恥ずかしくなった。

沙知代は、やはり母親なのだと思った。

余談になるが、そのあと、懲りずにせっせと腕時計を買い集め、今もまた三〇本くらい手元にある。

私が持っている腕時計で何十万円というものは一つもない。すべて何百万だ。一〇〇〇万円くらいしたものもある。

にもかかわらず、買ったことすら忘れている。

少し前、克則に「いい時計しているな」と言うと、「これ、パパのだよ」と返された。

最近は新たな「泥棒」が入るようになった。

14

晩年の沙知代は、本当に静かに生活していた。

表情もすっかり穏やかになっていた。彼女も小さい頃は、あんな感じだったのだろうな。

境遇と時代が、どこかで彼女を変えてしまったのかもしれない。もはや、知りたいとも思わないが、何があったのだろう。

結局、ぜんぶ墓場まで持っていってしまった。

いずれにせよ、あんな穏やかな顔では、世間の人が期待するような歯に衣着せぬ物言いをしても迫力が半減してしまっていたことだろう。

タレントは人気商売だ。テレビは惚れっぽく飽きっぽい。私も含め、もうとっくに飽きられた。私はたまにＴＢＳが呼んでくれる程度である。

沙知代はずっと家にいた。テレビの前に座りっぱなしだった。

沙知代は金の管理が大好きだった。お陰で、私はずっと豚あつかいである。

「豚もおだてりゃ木に登る」というやつだ。

おだてられた豚の働きで、死ぬまで金には困らないと思った途端、生まれて初めてひと息つけると思ったのかもしれない。

そういう私も沙知代が亡くなり、講演は一切引き受けなくなった。

講演など詐欺のようなものだと常々、思っていた。自分の話している内容に自信があるのならまだしも、私の場合、まったくない。野球人の話などたかが知れている。金を払う価値などないと思っていた。

今だから話すが、講演は本当に苦しかった。いつも逃げ出したかった。にもかかわらず、なぜ、したのか。沙知代がいたからである。男は女がいるから仕事をするのだ。

女は強い。私の母親もそうだった。その女たちに認めてもらうために、私は働き蜂のように、いくら稼いでいるかも知らぬまませっせと働き続けた。でも、だから元気でいられた。

家のローンが「やっと終わったよ」と言われたのが何年か前だった。三、四年前だったかな。「あとは好きなように生きな」と言われ、正直、うろたえた。今さら、それはないだろう、と。

沙知代がいなくなっても、生活のリズム自体は変わらなかった。深夜二時過ぎに寝て、十時間くらい睡眠時間を取っている。

仕事がない日は、沙知代の椅子で、相変わらず日がな一日、ぼーっとテレビを観続けている。

機械操作が面倒なので、昔からビデオなどに録画する習慣はない。BS放送なども観ない。選択肢は、そのときに放送している地上波だけ。

最近はプロ野球の試合はあるのに、地上波で中継していないことも増えた。そんなときでもBS放送やネット放送では中継しているそうなのだが、今さら、新しいことを覚えるつもりはない。

野球のシーズン中は高校野球からプロ野球まで、ひたすら野球のチャンネルに合わせている。

昨年も、日本シリーズが終わったときのさみしさといったらなかった。野球シーズンが終わると、長い一日をどう過ごせばいいのかわからなくなる。

サッカーは興味がない。ラグビーはさらに興味がない。野球がオフシーズンに入ると、手当たり次第、チャンネルをあさる。野球中継以外で、いちばんのお気に入りは『科捜研の女』だ。沢口靖子のファンなのだ。

あとは、サスペンスをよく観る。野球と同じで、相手の心理を読むこと、推理するのが好きなのだ。

それにしても近年、野球界は試合時間の短縮化に躍起になっているが、あれはどういうことなのか。サッカーなどに比べて長過ぎるというが、長いからいいのではないか。長いからこそ、退屈な時間を裕福にしてくれるのだ。

世の中の人間がみんな忙しいと思われては、私のような暇人は大いに困る。私など毎日、四、五時間ゲームをして欲しいくらいだ。

野球の原型と言われているクリケットなど、長いと、四、五日くらいやっているそうだ。夢のような話だ。

これから日本は経験したことのない高齢化社会を迎える。暇な老人が増える。

試合時間の短縮など考えず、むしろ、どんどん伸ばして欲しい。

効率だ、合理性だと、世知辛い世の中だ。無駄が人生を耕すのではないか。


年を取ると、つい朝早く目が覚めてしまうものだと言うが、私にはその感覚がまったくわからない。寝ようと思えば、いくらでも寝ていられる。寝るのに体力がいると聞いたこともあるが、本当にそんなものが必要なのだろうか。

私は現役を引退したとき、記者たちの前で、金輪際、汗はかかないと宣言した。

「鶴は千年、亀は万年」という。実際、鶴は二〇、三〇年、亀は種類によっては百年から二百年も生きるらしい。

鶴は汗をかきそうだが、亀は汗をかきそうもない。ワニも百年近く生きる種類がいるらしい。ワニもほとんど動かない。つまり、健康のためにも、生き物は無駄な汗をかかない方がいいと思うのだ。

みんな健康のためにと、ハアハア言いながらジョギングをしたりしているが、あれは逆効果ではないか。生きていくために最低限の仕事だけして、あとはじっとしている方がいいと思う。仕事をしていれば、適当に体を動かすし、適当に頭も使う。その程度で十分ではないか。

名球会（日米通算で打者は二〇〇〇本安打、投手は二〇〇勝もしくは二五〇セーブを達成すると入れる団体）で毎年、ハワイでゴルフをする企画があったのだが、私は一度も参加したことがない。

旅行といえば、年末にハワイへ行く程度だったが、それも沙知代が亡くなる数年前から行かなくなってしまった。

ハワイに行っても、プールサイドでひなたぼっこをしているだけなんだがな。日がな、ぼーっとしている。楽しみは買い物くらいだった。酒もタバコも女もやらない私の最大のストレス解消法は、食事と買い物だった。

おそらくは、一種の買い物依存症なのだろう。買った瞬間の快楽がたまらないのだ。うちの衣装部屋には買ったものの、値札が付いたまま、一度も着ていない服がたくさんある。同じようなジャケットも何着もある。

仕事で外出する日は、今は、息子の嫁が服を選んでくれるのだが、「こんな服を持っていたのか」と思うことがよくある。


私が稼いだ金は全部、銀行に入っている。どこの銀行かは知らない。あの沙知代が「もう無給でも食べていけるわよ」と言ったぐらいだから、そこそこ、入っているのではないか。

妻が亡くなったあとも口座を管理するのが沙知代から息子夫婦に変わっただけで、相変わらず私は現金の引き出し方すらわからない。

だが、もう何もいらない。着るものは着尽くせないほどあるし、東京の一等地に大きな家も手に入れた。物欲はすべて満たした。

15

盛りを過ぎた哺乳類が生きていくために必要なものは、最終的には、食欲と睡眠欲だけだ。ただ、沙知代がいなくなってから、その内の一つ、食欲が減退してきているのを感じる。

沙知代が横にいてくれたときは、すいすいと入った食事の量が、今は多いと感じる。

二つの欲から食欲を引いたら、残るのは睡眠欲だけだ。

永遠の眠り――。

つまり、死だ。

私の体はすでに死を待っているだけなのかもしれない。

私は二〇一〇年五月に一度、死地をさまよったことがある。楽天の監督を退いた直後、七四歳のときに解離性大動脈瘤という大病を患ったのだ。

医者が「石原裕次郎さんと同じ病気です」と言うので、瞬間、ついに死ぬのかと思った。

にもかかわらず、それを聞いても、沙知代は心配そうな顔一つしなかった。心配していたとしても、それを表情に出す女ではない。

毎日、お見舞いにやって来ては、いつものように「大丈夫よ」と不遜な態度で言った。不思議なもので、沙知代のその言葉を聞いていると、大した病気ではないように思えてきた。そして、この通り、生還した。

医者には「野村さんはお強いですね」と言われた。心の中で、私ではなく妻が強いんですと返した。

だが、今度はどうかな。

もう私には、幸運の女神はついていない。

ならば、せめて沙知代と同じように安らかな最期を迎えたい。それだけが望みだ。

お墓は家から車で一五分程度のところにある。沙知代の隣に、私の入る場所も確保してある。

沙知代の棺を送り出したときも、焼き場で骨を拾ったときも、やはり涙は出なかった。

火葬場の窯に棺桶を入れるところは二度と見たくない。人間のもっとも嫌なところを見せつけられた。

そう、人間は、必ず死ぬ。いつか焼き場に入らなければならないのだ。

もう見届ける人もいないから、今度入るとしたら私だ。

行かなければよかった。

あんなところ行くもんじゃないな。

沙知代は、本来の自分「伊東芳枝」を捨て、大丈夫じゃないわよ、と甘えられる人たちも捨て、他人が羨む暮らしを手に入れた。大きな家を買い、いい服を着て、美味しいものを食べた。

だが、死んでしまえば、みな同じだと思った。

今さらだが、人は何のために生きているのだろう。

私は無宗教で生きてきた。神をも恐れぬつれあいがそばにいたのだから、それもやむを得まい。

ただ、最近、西欧などでよく見かける巨大な宗教建築物がなぜ建てられたのか、その理由がようやくわかってきた。昔は、なんでこんな無駄なものに大金と時間を注ぐのだろうと不思議でならなかった。狂気の沙汰にしか思えなかった。人を狂気に走らせたもの。それは、死への恐怖だ。死ぬのが怖いから、あんなものをつくるのだ。今の私にはそれがよく理解できる。

死ぬのが怖いから生きている。

人は何のために生きるのか。今、私が確かに言えるのはそれだけだ。


出棺の前に、沙知代の遺体に話しかけたことがある。

どうしても聞いてみたいことがあったのだ。

「幸せだったか」

思わず声が出てしまった。

当たり前だが、何も答えてはくれなかった。

女の宝は、子どもだ。女性はひとまず、子を産むために生まれてくる。もちろん、それだけがすべてではないが、そういう意味では、沙知代は三人の子どもに恵まれた。紆余曲折はあったものの、彼らはそれぞれ一人前になった。子育てはほとんどしていなかったとはいえ、正真正銘、妻の子だ。そこは、幸せだったのではないだろうか。

私はといえば、彼女と出会って、五〇年近くともに暮らし、幸せだったと言い切る自信は正直、ない。ずいぶん足も引っ張られたしな。

一般論から言ったら、最低の女房だろう。見栄っ張りで、金に汚く、傲岸不遜。悪妻の見本のような女だった。

ただ、私も夫として、金は稼いできたがそれだけだったという言い方もできる。通信簿をつけるなら、収入は「甲」かもしれぬが、それ以外は「丁」だ。そんな言葉はないが「悪夫」である。

悪妻と悪夫。釣り合いが取れているとも言える。似合いのカップルではないか。

理想の夫婦とは、いったい何なのだろう。こういうものだと言い切れる人はいるのだろうか。いたとして、そういう夫婦ほど、へそ曲がりな私は嘘くさく感じてしまうのだが。

生まれ変わっても沙知代と巡り会いたいかと聞かれたことがある。

勘弁してくれ。それが正直な気持ちだ。

だが、生まれ変わっても、潜在的に、沙知代のような女性を求めてしまうのではないだろうか。

私の妻は頼りになった。困ったとき「なんとかなるわよ」と言われると、本当になんとかなるような気持ちになったし、実際、なった。

最近、考えるようになったことなのだが、私は沙知代に母親だけでなく、父親も求めていたような気がする。

沙知代は、いわゆる妻らしいことは何一つしなかった。食事も作ってくれなかったし、洗濯もしない。子育てにも熱心ではなかった。しかし、私はそれを不満に思ったことは一度もなかった。そんなことは、お手伝いさんに頼めばいいことだと思っていた。

妻としての沙知代に多くを求めなかったのは、私が、沙知代の中の父性をより必要としていたからだろう。

私は父と母が待つ家を知らずに育った。私にとっては、沙知代が初めての父と母が待つ「家」だった。

沙知代が他界した一ヵ月半後、一月二五日に王貞治らが発起人となり、沙知代のお別れパーティを開いてくれた。約千人も集まった。

王は現役時代、私が認めた唯一の打者だった。才能も努力も超一流だったのは、私が知る限りでは日本球界では彼だけである。

互いに指導者となり、考え方の違いからマスコミの前で激しい口論をしたこともある。それでも私は彼を心から尊敬していた。

彼が発起人となってくれたことが自分のことのように誇らしかった。

私が楽天の監督を務めていたとき、女房が歌を作ったことがある。作曲は、かの三木たかし先生で、作詞は妻だった。

三木先生によれば、突然、妻から作詞をしたので曲をつけて欲しいと連絡があったそうだ。もちろん、作詞など始めてのことである。

いくら親しくさせてもらっていた間柄だからといって、大作曲家に対して、相変わらず怖いもの知らずである。まさに神をも恐れぬ所業である。

最初の詩を読んで、先生は驚いたという。その内容が「自分賛歌」だったからだ。どんなことが書いてあったのか、だいたい想像はつく。そこに三木先生が大幅に手を加えてくださったのだろう、その詩は『女房よ』という男が妻を思う歌に生まれ変わった。

いかにも沙知代らしいエピソードだ。そんな彼女を、みんなどこかでわかりながら付き合ってくれていた。

だからお別れの会のとき、あんなに大勢の人が集まってくれたのだ。私はそのことが素直に嬉しかった。

沙知代がいなくなって、寂しいという言葉はちょっと違う気がする。やっぱり、がらんどうだな。

このがらんどうの人生を、私はいつまで生きるんだろう。

一つ、後悔していることがある。それは沙知代が生きている間に、一度もちゃんと、感謝の言葉を伝えられなかったことだ。

エアーズロックへ日帰りで行ってきたと聞いたとき、本当はうれしかった。そこまで私に尽くしてくれるのか、と。どんな逆境に立たされても、沙知代とならば大丈夫だと思えた。

沙知代は私のことを「あなた」と呼んだ。ぞんざいなときは「あんた」になった。

私も妻のことを名前で呼んだことがない。一貫して「おい」だった。

おい、

ありがとな。

野村克也　のむら・かつや

一九三五年、京都府生まれ。京都府立峰山高校を卒業し、一九五四年にテスト生として南海ホークスに入団。現役二七年間にわたり捕手として活躍し、南海の黄金時代を支えた。歴代二位の通算六五七本塁打、戦後初の三冠王などの記録を持つ。七〇年の南海でのプレイングマネージャー就任以降、ヤクルト、阪神、楽天の四球団で監督を歴任。他球団で挫折した選手を立ち直らせる手腕は「野村再生工場」と呼ばれ、ヤクルトでは三度の日本一を達成。楽天でも球団初のクライマックスシリーズ出場に導いた。

入籍した一九七八年以前から生活をともにし、五〇年近く連れ添った妻・沙知代さんが、二〇一七年一二月八日、虚血性心不全で急逝した(享年八五)。

ありがとうを言《い》えなくて

2019年4月1日　第1刷発行

著者　野《の》村《むら》克《かつ》也《や》

発行者　渡瀬昌彦

発行所　株式会社 講談社
東京都文京区音羽2丁目12-21
郵便番号112-8001
電話 編集03-5395-3522
販売03-5395-4415
業務03-5395-3615

企画協力　株式会社KDNスポーツジャパン

取材・構成　中村 計

ブックデザイン　鈴木成一デザイン室

写真　アマナイメージズ

印刷所　株式会社新藤慶昌堂

製本所　大口製本印刷株式会社

N.D.C.916 158p 18cm　ISBN978-4-06-515040-5